U0457166

本著作是以下课题的阶段性成果：

1. 教育部高校思想政治工作队伍培训研修中心（郑州大学）2024 年度思想政治工作队伍专项开放课题《高校"一站式"学生社区综合管理模式建设的理论逻辑与实践路径研究》(项目号：ZZUKFZD202408）

2. 江苏高校哲学社会科学研究项目《江苏省大学生思想政治教育研究》（项目号：2022SJZDWT001）

3. 江苏省高等教育学会辅导员工作研究委员会专项课题《"三全育人"背景下高校辅导员的育人定位与实现路径研究》（项目号：21FYHZD011）

4. 江苏大学高等教育教改研究课题立项建设重点项目《"三全育人"理念下高校辅导员职能定位与践行路径研究》（项目号：2021JGZD019）

5. 江苏大学高等教育规划发展研究课题《基于全员书院制的江苏大学"一站式"学生社区建设工作体系构建研究》（项目号：G202304）

6. 江苏大学思想政治工作研究院专项招标课题《"一站式"学生社区建设高校"何为"？——双院协同育人模式构建的"难为"与"可为"》（项目号：24SZYB06）

基于全员书院制的
高校"一站式"学生社区建设

任旭东　任泽中　董秀娜　编

江苏大学出版社
JIANGSU UNIVERSITY PRESS

镇　江

图书在版编目（CIP）数据

基于全员书院制的高校"一站式"学生社区建设 /
任旭东，任泽中，董秀娜编. -- 镇江 ：江苏大学出版社，
2024. 10. -- ISBN 978-7-5684-2278-9

Ⅰ. G647.4

中国国家版本馆CIP数据核字第2024K161S3号

基于全员书院制的高校"一站式"学生社区建设

Jiyu Quanyuan Shuyuanzhi De Gaoxiao "Yizhanshi" Xuesheng Shequ Jianshe

编　者/任旭东　任泽中　董秀娜

责任编辑/蔡　莹

出版发行/江苏大学出版社

地　　址/江苏省镇江市京口区学府路 301 号（邮编：212013）

电　　话/0511-84446464（传真）

网　　址/http：//press.ujs.edu.cn

排　　版/镇江文苑制版印刷有限责任公司

印　　刷/镇江文苑制版印刷有限责任公司

开　　本/718 mm×1 000 mm　1/16

印　　张/12.5

字　　数/230 千字

版　　次/2024 年 10 月第 1 版

印　　次/2024 年 10 月第 1 次印刷

书　　号/ISBN 978-7-5684-2278-9

定　　价/59.80 元

如有印装质量问题请与本社营销部联系（电话：0511-84440882）

前言

PREFACE

高校立身之本在于立德树人。党的十八大以来，习近平总书记对教育事业特别是培养社会主义建设者和接班人工作高度重视，多次指出"要坚持把立德树人作为中心环节，把思想政治工作贯穿教育教学全过程，实现全程育人、全方位育人，努力开创我国高等教育事业发展新局面"，并强调"思想政治工作从根本上说是做人的工作，必须围绕学生、关照学生、服务学生"。习近平总书记的重要论述为进一步做好高校思想政治工作提供了根本遵循。2004 年，教育部、共青团中央印发的《关于进一步加强高等学校校园文化建设的意见》中首次在思想政治教育领域提出了"学生社区"的概念。2005年，第十四次全国高校党的建设工作会议要求高校积极探索在学生公寓、学生社区和学生社团中建立党组织，不断创新党的组织设置形式。之后，教育部持续加强高校学生住宿管理，要求选派足够数量的辅导员进驻学生公寓，做到"同住、知情、关心、引导"。2016 年，中共中央、国务院印发的《关于加强和改进新形势下高校思想政治工作的意见》指出，要贴近师生思想实际做好思政育人工作，建立健全校领导、院（系）领导联系师生谈心谈话制度，加强学生互动社区建设。2019 年，教育部启动了"一站式"学生社区建设试点工作。2020 年，教育部等八部门联合印发《关于加快构建高校思想政治工作体系的意见》，要求"将园区打造成为集学生思政教育、师生交流、文化活动、生活服务于一体的教育生活园地"。2022 年，教育部在年度工作要点中提出，要"推进'一站式'学生社区综合管理模式，实现对1000 所左右高校有效覆盖"。2024 年，教育部发布《高校"一站式"学生社区综合管理模式建设提质增效指南》，进一步推动高校"一站式"学生社区综合管理模式全覆盖建设、高质量发展。由此可知，建设"一站式"学生社区，是教育事业发展和改革的产物，也是现代化大学治理体系建设的需要。

江苏大学坚持以习近平新时代中国特色社会主义思想为指导,落实立德树人根本任务,按照教育部《关于深化"一站式"学生社区综合管理模式建设试点工作的通知》(教思政司函〔2021〕7号)和江苏省委教育工委、省教育厅《关于全面推进"一站式"学生社区综合管理模式建设工作的通知》(苏委教函〔2022〕5号)要求,以深化全员书院制改革为抓手,按照"高点定位、高标设计、稳步推进、逐步完善"的工作理念,坚持"一个中心、两院协同、三维驱动、四类阵地"的工作思路,实体化建设10个书院,推进书院学院结对共建,设立学生社区协同育人中心,将多元育人力量下沉到学生中间,充分发挥双院协同育人合力,打造集党建引领、队伍入驻、学生参与、文化浸润、数字赋能、条件保障为一体的"一站式"学生社区育人共同体,努力将"一站式"学生社区建设成坚持党的领导的重要载体、践行"一线规则"的最好抓手、防范风险挑战的前沿阵地、培养时代新人的创新场域。

作为试点高校,江苏大学以优秀等级通过教育部"三全育人"综合改革试点工作验收,获评教育部高校"一站式"学生社区综合管理模式建设质量动态评价A等级;2项案例获全国高校"一站式"学生社区风采展示活动优秀案例;4项成果获全国高校"一站式"学生社区优秀成果(全国仅6所高校获评);多次在"高校思想政治工作形势报告会"等省级以上平台作"一站式"学生社区建设的主题报告、典型发言;《中国教育报》《江苏教育报》等多家新闻媒体相继报道学校"一站式"学生社区建设成果。

为总结"一站式"学生社区综合管理模式建设经验,江苏大学组织编写了《基于全员书院制的高校"一站式"学生社区建设》一书。全书共分8章,从"一站式"学生社区的缘起、书院制的发展、双院协同模式、社区党建引领、育人力量下沉、学生参与自治、书院条件保障和江苏大学社区建设案例等8个方面,通过理论梳理、体系构建、实践总结,系统分析了高校"一站式"学生社区建设背景和现状,并结合江苏大学社区育人工作的开展,详细剖析了学生社区建设的典型案例,进一步总结经验教训,展望学生社区未来发展前景,力图呈现江苏大学大力推进"一站式"学生社区建设工作的特色模式,以及学校育人的高质量、高水平和高效应的创新做法及显著成效。

本书由李洪波策划设计和指导审定;任旭东主持编撰和整体统筹;任泽中确定架构并组织编撰;张芬制订计划并推进编写进程;董秀娜具体负责框架设计、全书统稿和部分章节的编写;赵天魁负责全书的校对和部分章节的编写。具体写作的分工是：赵天魁、李丹、孙承霖撰写前言和第一章；施佳、花振豪、李俊杰撰写第二章；赵天魁、叶昕、杨扬撰写第三章；金冉、周航撰写第四章；施佳、李华、邱钰倩、曹爱能撰写第五章；周德帅、吴思远撰写第六章；施佳、张伟智、谢春凯、曹爱能撰写第七章；董秀娜、赵天魁撰写第八章。

新的时代有新的课题，新的时代有新的任务。随着中国特色社会主义进入新时代，高等教育面临着新形势、新任务，要持续推进高校"一站式"学生社区综合管理模式改革，进一步推动高校育人资源和育人力量汇聚社区，着力形成校内外协同协作、学院书院同向同行、社区各部门互联互通的全员合力育人氛围，构建宏观、中观、微观的全方位、一体化育人体系，推动"一站式"学生社区综合管理模式改革不断走向深入，努力创造"一站式"学生社区建设的新的实践模式和典型经验。期望此书能为其他兄弟高校"一站式"学生社区建设提供些许借鉴，以进一步推进全国高校"一站式"学生社区建设高质量发展。

本书的出版得到了江苏大学相关职能部门、学院、书院多位领导和老师的鼎力支持，凝聚了集体的智慧。江苏大学出版社的编辑们也花费了很多的精力和心思，在此一并表示衷心的感谢。由于编者水平有限，书中难免存在不足之处，恳请广大读者不吝赐教，对书中的不当之处提出宝贵的意见和建议。

目 录
CONTENTS

第一章 "一站式"学生社区的缘起

　　党的十八大以来，习近平总书记高度重视高校思想政治工作和青年学生的成长成才，作出一系列重要论述，强调"思想政治工作从根本上说是做人的工作，必须围绕学生、关照学生、服务学生""做好高校思想政治工作，要因事而化、因时而进、因势而新"。

　　近年来，随着教育事业的不断发展，高校传统的班级建制管理方式受到越来越多的挑战，学生社区日渐成为学生交流互动最经常最稳定的场所，成为课堂之外的重要教育阵地。在此背景下，教育部积极贯彻落实习近平总书记的重要讲话精神，站稳人民立场，践行"一线规则"，推进高校"一站式"学生社区综合管理模式建设工作，确保党的组织和党的工作全覆盖，努力做到"学生在哪里，哪里就要有党"，在党的引领下，着力构建培养时代新人的创新场域。

第一节 基本背景

　　2016年，习近平总书记在全国高校思想政治工作会议上指出，推动高校思想政治工作改革创新，"要遵循思想政治工作规律，遵循教书育人规律，遵循学生成长规律"。2018年，习近平总书记在全国教育大会上强调，思想政治工作是学校各项工作的生命线，要把思想政治工作做在日常、做到个人。2022年党的二十大报告明确提出了"办好人民满意的教育"的重大目标，并强调教育是国家的根本大计和党的重大事业。教育的根本在于立德树人，这是我们培养社会主义建设者和接班人的核心要求。我们要全面贯彻党的教育方针，确保教育始终沿着正确的方向前进，培养出既具备高尚品德，又具备丰富知识、强健体魄、美好情感和劳动精神的全面发展型人才。习近平总书记关于高校思想政治工作和青年学生成长成才的重要论述，以及党的二十大对新时代新征程教育事业的战略部署，为进一步做好高校思想政治工作提供了根本遵循。

建设"一站式"学生社区，要以习近平新时代中国特色社会主义思想为指导，从"培养什么人、怎样培养人、为谁培养人"这一教育的根本问题出发，站在确保中国特色社会主义事业后继有人的政治高度，为推进高等教育治理体系和治理能力现代化、为扎根中国大地办好中国特色社会主义大学延伸实践路径，夯实内涵支撑，回答好新时代的育人命题。"一站式"学生社区以党建引领为本质特征，有效发挥富有中国特色的高校德育功能，以服务学生在课堂学习之外的成长成才为目标，为高校"三全育人"工作队伍深入学生生活、站稳人民立场、践行"一线规则"提供了良好渠道，已经逐渐成为党建引领前沿阵地、"三全育人"实践园地、智慧服务创新基地和平安校园样板高地。

推进"一站式"学生社区建设是贯彻落实习近平总书记关于教育重要指示精神、落实立德树人根本任务、深化"三全育人"综合改革的战略步骤，是一项具有开创性、时代性的重要改革举措。

2019年，王沪宁同志在第二十六次全国高校党建工作会议上提出要加强学生社区党建工作。按照王沪宁同志的指示，教育部立即启动了高校"一站式"学生社区改革试点工作。中央教育工作领导小组连续三年在年度重点任务当中作出部署，在《关于加强高校党的政治建设的若干措施》《关于加快构建高校思想政治工作体系的意见》《关于推进"时代新人铸魂工程"落实的实施方案》等重要文件中提出具体举措。

2019年，教育部启动了高校"一站式"学生社区综合管理模式建设试点工作，首批遴选北京航空航天大学等10所高校作为试点单位；2021年，新增北京大学、清华大学等21所高校集成探索；2022年底，已有1447所高校开展"一站式"学生社区建设，约占我国高等院校总数的52.4%；2023年3月，教育部召开高校"一站式"学生社区综合管理模式建设工作推进会，要求推动高校"一站式"学生社区应建尽建、全面覆盖。各高校党委落实主体责任，从党建引领、管理协同、队伍进驻、服务下沉、文化浸润、自我治理六个方面入手，强化目标导向，坚持改革驱动，拿出真招实招，着力打造富有中国特色、体现思政要求、贴近学生实际的生活园区，在实践中积累宝贵经验，深化对"一站式"学生社区综合管理模式建设规律的认识，促进形成"三全育人"工作格局，并在各项工作中取得了积极进展和初步成效。

目前，国内主要有四类"一站式"学生社区建设模式。第一类以"全员制"住宿书院为载体，如西安交通大学、南方科技大学等，该模式下学生管理单位是主要抓手；第二类是以新生为主的住宿书院，主要抓手是新生培养单位，如北京航空航天大学、浙江大学等；第三类是以第二课堂为载体、建设内容更加丰富全面的学生社区，如复旦大学、哈尔滨工业大学（威海校区）等；第四类则以社区功能型党组织为抓手推进"一站式"学生社区建设，如东北大学等。①

2022年4月，江苏大学接到上级部门的通知指示后，立即启动"一站式"学生社区建设申报工作，组织召开校长办公会进行专题论证，讨论江苏大学"一站式"学生社区综合管理模式建设试点工作的可行性与未来规划。经研究，学校根据实际选择了改革力度最大的一种方案——基于全员书院制的"一站式"学生社区建设，为学校开展"一站式"学生社区建设指明了方向。2022年5月，江苏大学成功获批全国"一站式"学生社区综合管理模式建设自主试点高校。随后学校印发了《江苏大学"一站式"学生社区建设实施方案（试行）》，方案包含指导思想、建设目标、建设内容、建设步骤、条件保障等内容，为"一站式"学生社区建设明确了施工图，提供了行动指南和工作遵循。

为了统一思想、提高认识、凝心聚力，2022年10月12日，江苏大学召开了"深化'三全育人'综合改革，推进'一站式'学生社区建设"工作会议。会议确立了江苏大学"一站式"学生社区建设的五大目标任务：一是构建书院党建引领体系，将党的教育方针政策全面落实到学生社区综合管理；二是构建学生成才引领体系，将一流育人资源"全方位"下沉到学生身边；三是构建书院思想引领体系，将理想信念教育"全过程"融入学生成长；四是构建学生成长护航体系，将优质育人服务覆盖到每位学生；五是构建书院安全护航体系，坚决筑牢书院安全稳定屏障。

在"一站式"学生社区建设推进过程中，江苏大学提出了基于全员书院制的"一站式"学生社区建设的规划方案，从书院制建设的基本逻辑、学院与书院协同育人模式构建、党建引领机制、全员育人机制、参与机制、条件保障机制构建等方面走出了一条全员书院制的创新之路。在以全员书院制推进"一站式"学生社区建设的实践过程中，江苏大学取得多项成果。学校连续两年获评教育部"一站式"学生社区建设质量评价 A 等级（全省第2

---

① 丛文翠，王军. 高校"一站式"学生社区建设模式梳理与思考 [J]. 高校后勤研究，2023（8）：21-24.

名）；4项成果全部入选全国高校"一站式"学生社区风采展示活动优秀成果（全国仅6所）；学校典型经验做法作为江苏高校"一站式"学生社区建设优秀案例在苏思享平台进行视频展示；学校在"高校思想政治工作形势报告会"等省级以上平台作"一站式"学生社区建设主题报告、典型发言20余次；在《光明日报》《中国教育报》《江苏教育报》等媒体宣传发布江苏大学社区建设情况报道10余篇。全国高校思政网、教育厅网站、苏思享等平台报道江苏大学社区建设经验做法和成效450余次。南京大学、西北农林科技大学、中国药科大学等50多所省内外兄弟高校前来调研，学校学生社区建设工作的社会影响力和辐射面不断提高。

第二节　价值意蕴

"一站式"学生社区建设需要处理好党建引领、立德树人、"三全育人"这三者的关系。"党建引领"是坚持社会主义办学方向的必然要求，"立德树人"是社会主义高校人才培养的根本任务，"三全育人"是大学生教育与管理的主要方法论，三者辩证统一地回答了高校"为谁培养人、培养什么人、怎样培养人"的根本问题。

1. "一站式"学生社区是高校加强党建引领的重要载体

学生党建是高校党建工作的重要组成部分，对于加强党对高校的全面领导、全面贯彻党的教育方针具有重要作用。作为高校新型组织形态的"一站式"学生社区，是新时代高校大学生日常生活、学习交流的重要场域和聚集地，对大学生的思想观念、价值观养成等发挥着日益显著的作用。① 依托"一站式"学生社区开展学生党建工作，高校党组织可以通过组织领导、队伍协同和机制创新等多种方式将党建工作直接沉入学生生活日常，充分发挥党对学生思想教育、文化活动、学习生活的全方位引领和主导作用，加强政治建设，维护学校学生安全稳定，把握意识形态工作主导权、话语权，筑牢意识形态思想防线，加快把高校学生社区打造成学生党建的前沿阵地。

2. "一站式"学生社区是落实"立德树人"根本任务的重要平台

"培养什么人、怎样培养人、为谁培养人"是教育的根本问题，这就要求高校要坚持把"立德树人"作为根本任务，深化"三全育人"综合改革，

---

① 王军华. 高校"一站式"学生社区建设的内生价值、现实挑战与突破进路 [J]. 思想理论教育，2022（10）：108—111.

推进"时代新人铸魂工程"。在完全学分制、大类招生培养、复合型人才培养、创新型人才培养、"破五唯"教育评价导向等人才培养改革的深化推进中，高校"一站式"学生社区不断优化教育培养模式、管理服务体制、协同育人体系、支撑保障机制，聚拢育人资源，增强育人合力。经系统谋划、周密部署、高位推动，分批次试点，实践证明，"一站式"学生社区综合管理模式行之有效，符合教育改革发展的实际。"一站式"学生社区建设既是高校对"怎样培养人"的实践回应，也是高校培育时代新人、落实立德树人根本任务的现实路径和坚定选择。①

3. "一站式"学生社区是构建"三全育人"格局的重要阵地

"一站式"学生社区是开展"三全育人"的重要场域。第一，"一站式"学生社区将校院领导力量、管理力量、服务力量、思政力量、朋辈力量及其他相关育人资源压实到社区育人一线，提升社区协同治理效度，实现全员育人；第二，"一站式"学生社区聚焦学生从入学到毕业的全过程，覆盖课程育人、科研育人、实践育人、文化育人、环境育人等，促进学生不同成长阶段目标功能的实现，加强多部门协调，利用"一网通办"打破部门行政壁垒，实时全面掌握学生动态信息，为全过程育人提供高效、便捷化服务；第三，"一站式"学生社区在学生理想信念教育、学业发展、体育锻炼、美育养成、劳动教育五大方面提供专业服务和支撑力量，促进学生"五育并举"，实现全方位育人目标。②

第三节 当前问题

1. "一站式"学生社区建设的育人理念有待深化共识

目前，"一站式"学生社区建设正处于由点及面、快速增长、全面推进的关键阶段，然而从高校运行实效来看，"一站式"学生社区的育人理念有待进一步深化共识。部分高校对"一站式"学生社区的内涵理解不透彻，目标认知不明晰，多是为了响应上级要求或顺应潮流而开展学生社区建设，导致建设模式高度一致；部分高校在全校范围内未能就"一站式"学生社区建设达成广泛的深层次共识，学校管理人员、专业教师、思想政治工作者等未

---

① 卞海勇，仇桂且. "一站式"学生社区打通立德树人"最后一公里"[N]. 新华日报，2023-09-15（14）.
② 吴林桂. 高校"一站式"学生社区的价值意蕴、现实困境和建设路径探究[J]. 绍兴文理学院学报（教育版），2023，43（2）：34-39.

能充分认识到"一站式"学生社区从学生管理向学生教育、管理、服务拓展的重要意义，未能在工作中给予更积极、更主动的支持；部分高校对"一站式"学生社区的育人理念认识不足，在推进过程中偏重物理空间建设、硬件配套，尚未形成全覆盖、稳定化的长效机制，未能将育人资源有效聚集到社区一线，实现学生社区多向功能的深度转型。[①]

2. "一站式"学生社区建设的育人主体有待汇聚合力

"一站式"学生社区旨在推动校院领导、专业教师、思政队伍、管理力量、服务资源下沉到学生身边，形成强大育人合力，提升育人质量，服务学生成长成才。[②] 因此，要强化多元育人主体之间的有效联动，确保各主体之间信息互通有无、资源互补共享，创建以共同价值观念为联结的学生教育、生活、成长共同体。然而，现实情况是学生社区的多元育人队伍尚未有效聚合。部分高校学生社区管理主体相对单一，部分高校学生社区虽引入了多元主体共同管理，但多以派驻的形式在社区中开展工作，不同育人主体之间认知程度、认同程度不同，联动机制不健全，协同化管理模式尚未落地，导致工作出现各自为政的局面。例如，各职能部门之间，以及职能部门与书院、院系跨条线、跨组织的沟通协同有待完善，各部门既相互独立，又在管理对象、日常工作中有所交叉，容易出现权责混淆的灰色地带或相互推诿的真空地带，进而衍生出权责不明确、分工不细致、运作不科学、成效不明显等问题。[③]

3. "一站式"学生社区建设的综合功能有待优化升级

"一站式"学生社区作为一个学习、生活、交往等属性相叠加的复杂综合空间，是大学生情感认同的重要投射载体和生成环境，也是大学生知、情、意、信、行合一的实践综合体。[④] 然而，从现实情况看，"一站式"学生社区的综合功能未得到最大程度激发，一体化阵地优势尚未完全凸显。在学生社区功能优化方面，不少高校面临学生社区现实环境不理想、软硬件条件不成熟、资金不足等制约。部分高校住宿资源紧张、基础设施薄弱，高质

① 王懿. 高校"一站式"学生社区建设的价值意蕴、现实问题与实践理路 [J]. 思想理论教育，2022（2）：107-111.
② 李伟. 高校"一站式"学生社区建设的育人功能及实现路径 [J]. 南华大学学报（社会科学版），2022，23（5）：23-27.
③ 梁宏亮，吴薇，艾美伶. "新三同"视域下高校学生社区育人的现实挑战与优化思路 [J]. 高校辅导员学刊，2023，15（5）：33-38，96-97.
④ 杨爱华. 新时代大学生社区育人面临的挑战与优化路径 [J]. 思想教育研究，2021（5）：154-157.

量学习生活配套服务功能匮乏成为学生社区功能转型发展的制约因素。部分高校硬件条件完成升级，亟待填补学生社区文化内涵的相对空白或文化特色的缺乏。一些学生社区公共空间还存在数量上的不充分、分布上的不均衡、功能上的不适配，以及配套设施"鸡肋"、管理成本较高、管理效能较低、利用率不高等问题。这些都是学生社区空间功能优化、品质效能提升需着力破解的难题。①

第四节　江苏大学实践："十纵十横五融通"机制

2022 年 4 月，江苏大学启动"一站式"学生社区建设工作，学校领导高度重视，充分发挥江苏大学作为"三全育人"综合改革试点高校的优势，明确将"一站式"学生社区建设作为"三全育人"综合改革深化的重要内容，按照"高点定位、高标设计、稳步革新、逐步完善"的工作思路，全面推进"一站式"学生社区建设，努力打造以党建为引领、以社区为中心、书院和学院双协同的"一站式"学生社区综合管理新模式。围绕党建引领、队伍入驻、学生自治、条件保障四个方面，学校高标准制定了《江苏大学"一站式"学生社区建设实施方案（试行）》。同时，学校成立了学生社区党工委、十大书院和十大社区育人中心，创新育人载体，激发育人活力，营造育人氛围，"十大育人"体系内容全方位融入。围绕书院建设，学校提出"十纵十横五融通"的工作机制，构建了"一站式"学生社区建设"四梁八柱"，加快党的教育方针政策全面面落实。"十纵"即成立十大中心，将职能部门、后勤管理等与学生生活学习密切相关的服务育人力量下沉一线，将心理、资助、成长指导、网络思政、劳动教育、医疗卫生、就业服务、美育等下沉到学生身边，从而实现全员、全过程、全方位育人，打通育人服务的"最后一公里"；"十横"即成立十大书院，实行书院和学院双院协同，在人才培养与育人机制上相辅相成。书院侧重于与学生学业发展相关行为的养成与实践锻炼；学院侧重于建立学生专业知识体系、培养学生科研创新能力等相关工作。"五融通"即机构融通、机制融通、人员融通、对象融通、模式融通。机构融通主要是指书院与学院责任单位机构之间通力合作，共同推进"一站式"学生社区建设；机制融通是指领导机制、责任机制、沟通机制、考核机制的融通；人员融通主要是指学院副

① 王懿. 高校"一站式"学生社区建设的价值意蕴、现实问题与实践理路 [J]. 思想理论教育，2022（2）：107–111.

书记、辅导员同时担任书院副书记、辅导员；对象融通主要是指"一站式"学生社区将不同年级、不同学科、不同专业学生相互融合；模式融通主要是指保障体系的融通，整合公寓服务中心的力量，纳入"一站式"学生社区之中，实行公寓服务与社区管理相融通。

第二章　站在"学院"看"书院"

第一节　基本背景

一、高校书院制建设概述

　　书院制是将通识教育（素质教育）和专才教育相结合，力图达到均衡教育目标的一种学生教育管理制度。书院通过通识教育课程和提供非形式教育，配合完全学分制，开展学术及文化活动，实现学生文理渗透、专业互补、个性拓展，鼓励不同背景的学生互相学习交流，满足学生的个性化发展需要，最终促进学生全面发展。书院制的主要特点是不同学科的学生混居、教师和学生共同学习和生活，学生通过活动锻炼社会能力，教师通过科研项目提高学术水平。高校书院制的兴起，受民族文化传承、人才培养模式变革及高等教育大众化发展等因素推动，具有一定的历史必然性和深厚的文化教育基础。① 高校书院制融会中西高等教育培养模式，与学院制互补，适应了新时代培养高素质创新型人才的需要，在构建立德树人保障机制、弘扬民族传统文化精华、促进学术创新和教育交流等方面发挥着重要而独特的作用，是推进中国式高等教育现代化的重要举措。因此，和学院相比，书院更致力于促进学生在认知、情感、社会性等方面的多维度成长，在课堂之外为学生提供全方位的学习支持和丰富的兴趣活动，把不同年级、不同专业的学生及导师聚集在一起，形成一个关系密切、互动交流的师生社区。书院的育人职能除了通过课程，还通过书院教育活动、文体艺术活动、学生组织与社团活动等非形式教育或隐形教育来实现。对于学生而言，书院是社会实践的重要场所，是学习和生活的"家"，是学生发展自身主体性和社会性的探索空间。

---

① 张亚群. 大学书院制兴起的动因与时代意义［J］. 河北师范大学学报（教育科学版），2023，25（3）：38.

同时，学生作为书院的一分子参与到书院建设中，不仅可以培养学生的社会责任感，还可以锻炼学生的自我教育、自我管理、自我监督能力。

自 2005 年起，关于高校书院制建设的研究论文陆续见诸各大报刊。目前，学界对书院制内涵的界定主要从历史传承、规范制度、管理模式和组织机构等方面进行，观点可以分为两大流派：其一，书院制是一种文化和制度，应注重历史文化传承和规范制度建设；其二，书院制是一种新型高校学生管理模式和组织机构。前者强调书院的文化和制度建设，属于软实力；后者注重书院的管理模式和机构设置，属于硬架构。[①] 李翠芳、朱迎玲从历史传承和发展角度出发，认为书院制是在继承中国古代传统书院制度的基础上，效仿国外住宿学院实施的一种新型学生管理体制，书院制是以学生宿舍为管理的空间和平台，以学生公寓为生活社区，对学生实施通识教育、思想品德教育和行为养成教育等任务，本质是一种学生社区生活管理模式。[②] 和飞从教育管理学视角出发，认为书院制是高校的一种教育管理制度，是与学院制相匹配的基于学生生活社区建设和学生自主发展的制度，非形式教育、多元文化交流、社会实践活动、全方位育人是书院制的重要特征。[③] 以西安交通大学为代表的学者从书院功能着手分析，认为书院是现代大学以学生住宿区为依托，开展通识教育和践行学生自我管理的专门机构，书院通过通识教育课程和非形式教育，配合完全学分制，通过开展学术和文化活动，实现学生文理渗透、专业互补和个性拓展，致力于为学生提供高质量的通识教育和个性化的辅导咨询服务。

二、西方高校书院制建设

英文中的"Residential College"可翻译成"住宿学院"或"住宿书院"。住宿书院制源于法国的巴黎大学，其主要做法后来被美国哈佛大学、耶鲁大学效仿，并延续至今。诞生于 1284 年的彼得学院是剑桥大学第一个住宿制学院，哈佛大学 1914 年始建住宿制学院，并于 1931 年建成全校性的住宿书院系统。普林斯顿大学从 1906 年开始试办住宿制书院。1920 年，耶鲁大学开始逐渐发展本科生住宿书院系统，经过近 13 年发展形成完整的住宿书院

① 崔海浪. 我国高校书院制建设研究综述 [J]. 山西师大学报（社会科学版），2015，42（S2）：168-171.
② 李翠芳，朱迎玲. 现代高校书院制建设及原因追溯 [J]. 煤炭高等教育，2009，27（3）：49-51.
③ 和飞. 现代高校书院制的内涵与发展目标 [J]. 肇庆学院学报，2013，34（1）：1-4，12.

体系，现有住宿书院 14 个。

英式的住宿书院制度以牛津大学为代表。该校实行书院制历史悠久，目前拥有超过 30 个各具特色和历史底蕴的书院。回溯至 1249 年之前，牛津大学并未设有专门供学生居住的宿舍建筑。为改善这一状况，达勒姆的威廉副主教慷慨解囊，为大学提供了购置房屋的资金。这一举措催生了一个崭新的模式：四名教师组成一个学术团体，与寄宿学生共同生活在这些新购置的房屋中。这一模式最终演变成了牛津大学的第一个住宿书院（学院）——大学学院（University College）。除了大学学院外，牛津大学在早期还建立了另外两所著名的书院：1263 年，贝利奥尔学院成立；1264 年，莫顿学院也迎来了它的诞生。这两所书院的成立同样离不开私人的慷慨支持，它们与大学学院一同奠定了牛津大学住宿书院制度的基石。此后，牛津大学的学院在创立时都制定详细的规约，并且新学院（New College）还创建了导师制。这样，牛津大学就逐渐形成了各学院经济独立、政治独立和招生独立自主的联邦体制。1489 年，牛津大学教师团和各屋舍负责人联合拟定《寄宿生规约》，并确定"委托管理制度"，标志着牛津大学书院模式的正式确立。

美式的住宿书院以耶鲁大学为例。作为美国的顶尖大学之一，耶鲁大学有其独特的办学理念和办学特色，其中住宿书院制即是其引以为傲的优势。耶鲁大学住宿书院以英国牛津、剑桥等大学为样板建立，至今已经有 70 多年的历史。在耶鲁，住宿书院不仅是住宿的地方，更是被称为"小天堂"，每个住宿学院都有其自己的独特建筑、庭院、食堂、图书馆及活动场所，有院长和教务长，有校内体育队，有院长下午茶，还有丰富的社团。耶鲁住宿书院为本科生提供了独一无二的学习生活环境。住宿书院成为整个耶鲁大学的缩影，学生们既能在这里体验到家庭般的亲密关系和凝聚力，又能够体验到世界一流大学的活力和资源。每年新生入校前，耶鲁大学都对其基本信息进行统计，包括经历、性格、爱好、对住房的要求、生活习惯、家乡的地理位置、家庭社会经济地位、种族情况、来自私立或公立学校、是否来自地方学校，以及体育爱好等，管理人员根据学生提供的信息，以每个学院学生的多元化和不同学院间的平衡发展为原则，利用计算机进行随机排列，分入 14 个住宿书院。这样的多元化住宿安排，给学生提供了更广泛的交流平台，让他们更多地接触到平时课程中或其他活动中接触不到的人。很多学生最亲密或最持久的友谊都是在住宿书院中形成的，学生可以尽可能地融入自己的住宿书院中，感受其学院独特的历史并接受传统的熏陶。

三、我国高校书院制建设

1. 我国高校书院制的发展历程

中国古代书院始于唐朝，南宋达到鼎盛，明朝开始衰落，清朝又开始复兴，后被学堂所取代，[①] 历时千载，在世界教育发展史上独具特色。为后世所称道的四大书院分别是河南商丘应天书院、河南嵩山嵩阳书院、湖南长沙岳麓书院、江西庐山白鹿洞书院。中国古代书院是传统人文教育的精神家园，担负着传承道统的使命，可谓"心灵殿堂"。

我国现代大学书院是在效仿英美住宿学院制的基础上，汲取中国传统书院的文化精髓，整合和构建的新型学生教育培养组织。[②] 培养的人才既具有广博的知识背景、扎实的专业知识、独立思考和解决问题的能力，又具有严谨的科学精神、深厚的人文素养、强烈的社会责任和高尚的道德情操，是现代高校书院制存在的价值体现。

我国最早实施书院制的高校是香港中文大学，它也是目前香港唯一一所实施书院制的大学。香港中文大学的书院制理念借鉴了英国牛津大学、剑桥大学的书院制形式。1949 年，钱穆在香港创立新亚书院，其宗旨是"沟通中西文化，为人类和平、社会幸福谋前途"。1951 年，基督教教会成立崇基书院，继承基督教教育理念，主要模仿英式书院制模式。1964 年，新亚书院、崇基书院和联合书院合并组建香港中文大学。由此，香港中文大学在组织形式上将英式书院制与中国传统书院相结合，构建起具有现代意义的香港中文大学书院制度。[③]

继香港中文大学书院制的成功，澳门、台湾及大陆地区陆续创建书院制，以提高人才培养质量，完善学生教育管理模式。2010 年，澳门大学学习西方高校经验，率先成立两所书院。横琴校区在 2014 年开放后，开始全面推行"四位一体"教学模式，成立书院制度。台湾高校书院制是台湾大学在继承全人教育理念的基础上，融合时代发展的特点所形成的独具特色的管理制度。具有代表性的是同在 2008 年成立的台湾东海大学的博雅书院、台湾清华大学的清华学院，以及台湾政治大学的政大书院。

2022 年，习近平总书记在党的二十大报告中对中国式高等教育现代化发

① 邓洪波. 中国书院史 [M]. 武汉：武汉大学出版社，2012：54-63.
② 朱汉民. 中国书院：第八辑 [M]. 长沙：湖南大学出版社，2013：122-126.
③ 何毅. 英式住宿学院教育的本土化实践及审思 [J]. 大学教育科学，2019 (4)：66-73.

展进行了全面且深刻的阐释,指出要全面提高人才自主培养质量,统筹高等教育创新发展,加快建设中国特色、世界一流的大学和优势学科。① 我国现代高校书院制作为传统书院制与西方住宿书院制模式移植的结合,以"立德树人"为内核精神,以通识教育为教育方式,以双院制为制度保障,致力于我国高等教育特色化发展及人才培养。我国内地现代高校书院制探索发轫于2005 年。

李凤亮在《现代书院制:高校正在探索的人才培养模式》一文中介绍道:"2005 年复旦大学、西安交通大学为适应大类招生的需要,相继实行书院制管理。南方科技大学从 2011 年建校之初实行书院制,并将书院制写入学校章程,将书院定位为'师生交流互动、教学相长的重要平台'。清华大学于 2014 年成立住宿制本科文理书院,即新雅书院,持续进行书院制教育探索。以南方科技大学为例,在教育改革探索中,书院是全面教育的核心组成部分,致力于促进学生在认知、情感、社会性等方面的多维度成长。为激发学生的自主性、给予学生充分的选择权,实行自选专业制度和完全学分制。学生 1—2 年级不分专业,实行'宽口径、厚基础、重素质、强能力'的理工科通识培养。为指导学生有效选专业、有效选课和有效学习,实行双导师制。书院导师负责学生的思想引领、大学适应、学业辅导、生活指导等工作,核心职责是指导学生有效地选课和选专业。学术导师负责指导学生的专业发展和升学就业。书院致力于为不同年级、不同专业的学生以及导师营造一个关系密切、互动交流的师生社区。由于(实行)自选专业制度,同一个书院行政班和同一个宿舍的同学未来会走向不同专业,客观上构建了专业多元的生活共同体,同时也构建了集导师、导生、学生为一体的学习共同体。这为学生在日常生活中创造了跨学科讨论的机会,有助于发展学生的学科交叉意识和创造性思维。学生学习生活时间大都在书院社区度过,因而学生生活社区逐渐从教育的'盲区'转化为学生思想政治教育的'前沿阵地',承担重要的思想教育职能。而同一个书院行政班的学生在步入社会后,将进入不同的专业领域,这给学生的未来建构了交叉复合的资源圈,有助于提升他们的跨界发展能力。书院以学生社区自治管理为特征,是促进本科生全人教育的学习生活共同体,承担着思想引领、心理疏导、朋辈教育、兴趣培养、价值塑造、人格养成等育人职责。"

---

① 习近平. 高举中国特色社会主义伟大旗帜 为全面建设社会主义现代化国家而团结奋斗:在中国共产党第二十次全国代表大会上的报告 [N]. 人民日报,2022-10-26 (1).

经过十几年的发展，我国高校书院数量不断攀升，类型逐渐增多。

2. 我国高校书院制建设的历史必然性

现代书院是 20 世纪教育变革的产物。它接纳了西学教育传统，与传统书院既有一定的文化联系，也存在明显的制度差异。高校书院制作为现代书院的重要组成部分，是现代高等教育组织与书院教育传统的融合。从组织机构及功能来看，高校书院制主要有两种类型：一是独立开展人才培养活动的教学组织形式；二是特定教育机构下的学生教育管理方式。高校书院制的兴起并非偶然，它受民族文化传承、高校学生管理内涵、高等教育人才培养的功能及高等教育大众化和普及化发展等因素推动，具有一定的历史必然性和深厚的文化教育基础。

（1）民族文化传承的理性选择①

高等教育具有文化传承和创新的功能，文化需求是教育制度变革的深层次、持久的动力。从文化因素来看，高校书院制的产生与发展是民族文化传承的理性选择。现代大学书院的创办，融合了民族教育的优良传统与现代教育的组织形式，具有深厚的历史文化根源，适应了高等教育传承和变革中华优秀传统文化的需要。

早在 20 世纪 20 至 40 年代，国学研究者及倡导者便在内地与香港开设了新型书院，旨在培育研究传统文化的人才。当时，书院教育模式主要分化为两派：一派结合现代办学组织结构，融入书院传统教学方式和教育精神；另一派则直接承袭书院的教育形式，专注于国学教育。这种转型的背后有几个主要动因：一是西方学校教育的不足促使学者重新审视书院教育的价值；二是对西方近代文明缺陷的反思，激发了学者对本民族文化教育传统的重视；三是抗战时期民族存亡的危机促使更多学者关注并弘扬书院精神。

1939 年，马一浮在四川乐山创建了复性书院，专注于国学研究。1940年，梁漱溟在重庆北碚将其学团"勉仁斋"改办为勉仁书院，教授《中国文化要义》；同年，张君劢则在云南大理成立了民族文化书院，旨在培养对民族文化复兴有热情的人才。1949 年，钱穆在香港建立了新亚书院，旨在结合宋明书院讲学精神与西欧大学导师制度，通过人文主义教育促进中西文化交流，为人类和平与幸福贡献力量。这些书院的活动显著推动了中华文化的传承。

---

① 张亚群. 大学书院制兴起的动因与时代意义 [J]. 河北师范大学学报（教育科学版），2003，25（3）：38-39.

改革开放以来，我国社会经济和文化教育等飞速发展，为书院制的复兴注入了新的活力与机遇。1984 年，在老一代著名学者梁漱溟、冯友兰、汤一介等先生的支持下，由北京大学、中国社会科学院等单位的学者联合海外的著名学者共同创立的中国文化书院，通过函授班、国际研讨会和学术著作出版等形式，促进了人才培养与文化传播。湖南大学修复并重建了岳麓书院，专注于思想文化史和书院教育史的研究与教学。白鹿洞书院作为国家级文物，不仅入选《世界遗产名录》，还成为多所高校的教学实践基地。2015 年，中华朱子学会等在武夷学院主办了"武夷书院讲坛"，成为传播朱子文化和儒学思想的重要场所。南京大学则在 2020 年设立了梅庵书院，旨在利用宋代书院的教育思想培养学生的中华传统文化精神和高尚人格。同时，福建三明学院也利用致用书院的资源，创建了"闽台书院与经世致用文化研究中心"，以促进两岸文化教育交流。

弘扬中华优秀传统文化，是新时代文化建设的重要内容，也是建设中国式现代化的迫切需要。中国共产党十九届六中全会决议指出："中华优秀传统文化是中华民族的突出优势，是我们在世界文化激荡中站稳脚跟的根基，必须结合新的时代条件传承和弘扬好。"党的二十大报告全面阐述了中国式现代化的科学内涵、基本特征和本质要求，涵盖了文化建设的内容。实施中华优秀传统文化传承发展工程，传承中华文明，促进中国式现代化建设，不仅需要加强和改进中小学中华优秀传统文化教育，也要大力推动中华优秀传统文化融入高校教学活动和教育管理之中，创办现代书院就是这项文化工程的重要组成部分。这也为高校书院制的发展提供了强大动力。

（2）高校学生管理内涵的转变

我国高等教育进入大众化阶段之后，高校学生来源层次的多元化、社会背景的多元化要求学校不仅要保证他们的受教育权，而且更要满足分化了的学生的不同学习和发展需求。当代大学生综合素质普遍提高，比以往更加注重追求个人成才和成功，他们在渴望获得更多知识的同时，对学校的教学、服务有了更多更高的要求。高校学生的价值观已经发生了重大变化。

同时，在社会变革的推动下，改革开放进程加快，我国与世界各国经济、文化交流日益频繁，高校学生管理工作置身于不断开放的环境中，新思想、新观念不断涌入，必须走出以前封闭的学生管理模式以应对国内外各种不良思想的侵蚀。网络技术的飞速发展把大学生带入了信息化时代。信息资源的开放推动了学生思想价值观念的多元化和异质性。网络是一把"双刃剑"。一方面，网络的发展为高校学生管理提供了便捷，促进了学生管理的信息化建设，为青年学生的成长成才提供新的载体；另一方面，网络上良莠不齐的信息资源，混淆学生视听，一些错误的思想观念趁机渗入学生头脑，增加了学生管理工作的难度。随着高校收费制度的实施，学校与学生的关系发生变化，大学生开始以"消费者""顾客"的身份走进高校。学生花钱受教育，自然希望教育的提供者尽量满足自己的要求与愿望，他们关心学校的教育教学质量、学校提供的各项服务、学校管理的质量和水平。也正是有了这层关系，教育的提供者不能像以前一样"自己说了算"，教育的"提供者"与"消费者"之间的对话与冲突较之以往增加，双方的关系也更加复杂。

（3）高等教育人才培养的功能互补

人才培养是高等教育的基本功能，不同的教育制度和培养模式在人才培养中发挥着独特的作用。多年来，我国实行专才教育模式，高校依托系科、学院建制，培养各类专门人才，为社会经济发展做出了重要贡献。但这种单一的系科教育模式也产生了专业设置狭窄、教育管理缺少活力、通识教育匮乏等弊端，不能适应现代社会对创新型人才培养的需要。这就要求教育管理者必须改变狭隘的专才培养模式，以构建适应社会和时代发展需要的育人模式。如今，书院制发轫于高水平大学建设和人才培养模式变革，目的在于拓展育人路径，加强通识教育，培养高素质、创新型人才。高校书院制包括培养目标、教育教学组织建构和管理方式等内容，它汲取了传统书院的育人理念和优良传统，与学院制相结合，实现了高等教育的功能互补。

第一，作为教学组织的大学书院是人才培养的实体机构，承担课程教学、学生管理的职能。这类书院融合西方住宿书院"导师制、选课制、分工制"专长，采用"书院—学院"一体化或"书院—学院"双重管理的教育模式，实施通识教育和专业教育，培养会通中西文化、通专结合的人才。目前，以书院建制为基础、具有书院教育渊源的香港中文大学有9所书院，发挥着重要的育人功能。其前身之一新亚书院的《学规》明确要求："求学与做人，贵能齐头并进，更贵能融通合一"，"于博通的智识上，再就自己才性所近作专门之进修；你须先求为一通人，再求成为一专家"。香港中文大学2007年成立的"敬文书院"得到了香港朱敬文教育基金会的支持，是该校3所能提供四年全住宿的书院之一，从培养目标到课程设置，倡导科学与人文的结合，主要教材有"与自然对话"和"与人文对话"两类。澳门大学现设10所书院，院长（首席导师）是从世界各地招聘的资深教授、著名学者，具有国际视野。各书院均以学生为中心，以育人为第一要务。2010年9月，澳门大学开始试行"住宿书院计划"，在2011—2012学年推出全新的核心通识课程。在内地，香港朱敬文教育基金会先后支持苏州大学、江苏师范大学、苏州科技大学等3所大学建立敬文书院作为教育教学机构，探索住宿学院制与书院制相结合的人才培养和管理新模式。

为了发挥书院办学主体的育人功能，一些研究型大学积极探索"书院—学院"一体化培养模式。北京大学的元培学院、鹿鸣书院，浙江大学的竺可桢学院、马一浮书院，西安交通大学的钱学森书院，中国人民大学的明德书院、明理书院，中山大学的博雅学院，湖南大学的岳麓书院，西北农林科技大学的右任书院，清华大学的新雅书院，都是借鉴传统书院的教育经验，实行小班教学，鼓励师生相互切磋，促进教学相长。近年来，配合"强基计划"的人才培养，试点院校设置20~30人的小班，实行书院制教学管理。如清华大学设立了"求真""致理""日新""未央""探微""行健""为先"七大书院，其中求真学院每年自主招录100名学生，进行本科生与博士生的贯通式培养，在教学资源、科研训练上提供更好的保障。2022年，西湖大学招录首批60名本科生，实行"小而精"的教学方式，打破了学院和专业的界限，借鉴中国传统书院和世界名校的培养模式，设立α（阿尔法）、β（贝塔）、γ（伽马）、δ（德尔塔）四大书院，让学生通过沉浸式的学习生活实现跨界的交流与融合。

第二，以学生教育管理变革为导向的非教学组织的实体书院，与专业学院平行设置，其基本功能定位于学生的教育管理，主要承担第二课堂的职能，发挥协同育人的功能。这类书院具有相对完备的内部管理架构，在人、财、物方面享有较大的自主权，但没有专任教师，也不开展专业教学活动，书院的学生需受专业院系管理。书院与学院分工明确，各司其职，共同完成育人使命。

以一流高校书院制改革为例，复旦大学于2005年成立复旦学院，面向全校本科生实施通识课程教学；其他专业学院以学术研究和专业发展为导向，提供专业教育。复旦大学设立"志德""腾飞""克卿""任重""希德"五大书院，按照"学科交叉""大类融合"的原则，将学生分配至不同书院入住，实行学习指导和生活管理。西安交通大学设立九大书院，实行"通专融合、双院协同"的育人新模式。天津大学、南开大学、四川大学、华东师范大学、北京航空航天大学、北京理工大学、南京大学、南方科技大学、上海科技大学等高校均设立非教学组织的书院，通过书院制建设，突破专业、班级的局限，为不同学科的学生提供学术交流的平台。

这种"双院"管理模式也为其他各类院校所采用，扩大了书院制改革试点范围。近年来，河南科技大学、海南大学、宁夏大学等高校陆续实行书院制。海南大学构建学院—书院协同创新中心"三位一体"的人才培养体系，全校建立了 15 个书院，实行学生交叉分布和自主管理，促进不同学科、不同学历层次和国际国内学生的学习交流，发挥住宿书院的教育效应。汕头大学、肇庆学院、绍兴文理学院、南京审计大学、上海大学等学校实行书院制改革，与学院协同合作，培养复合型人才。

（4）高等教育大众化和普及化发展的推动

当代书院制的兴起与高等教育大众化进程同步。2003 年我国跨入高等教育大众化阶段，2019 年达到普及化阶段，2022 年高等教育毛入学率达 59.6%。与之相应，2005 年国内有 3 所大学率先试行书院制，至 2022 年，已有百余所高校建立了近 400 所不同形式的书院。高校书院数量的增长及高校培养模式、管理方式的变革，受到了高等教育大众化和普及化发展的推动，也与国家教育政策的引导和支持紧密相连。书院制的发展与现阶段的现实需要密切相关。

首先，书院制的建立是现阶段培养多样化人才、提升教育质量的需要。高等教育大众化是 20 世纪后半期兴起的国际趋势，它促进了教育的民主化和经济文化的发展，对人才培养的类型选择、质量保障和教育管理方式提出了新的挑战。不过，受社会政治、经济发展水平和文化传统的影响，各国高等教育大众化发展战略、实施路径、实现方式及面临的问题等都存在某些差异性。我国高等教育大众化起步晚、推进快、学生规模大、培养质量和管理水平有待提升，需要探索新的发展路径。为了推进高等教育内涵式发展，各类高校亟须优化教育模式，改进教育管理方式和教学方法。书院制作为一种教育教学组织形式和学生管理方式，注重受教育者的个性化特征，重视启发式教学和师生互动，激发自主学习，有利于化解高等教育规模扩张衍生的师生交流不充分、个性化培养不足的问题，有利于提升人才培养质量。

其次，推进书院制也是加强和改进高校思想政治教育的需要。新时代要求强化思想理论教育和价值引领，"坚持全员全过程全方位育人"，因此需要借鉴书院教育的有益经验。在试点基础上，国家出台了相关教育政策，推动不同类型高校建立书院制学生管理模式。2017 年，中共中央办公厅、国务院办公厅印发的《关于深化教育体制机制改革的意见》提出："要探索建立书院制、住宿学院制等有利于师生开展交流研讨的学习生活平台。"教育部出台多项政策，明确把探索书院制教育作为办学体制改革与创新发展的内容。

教育部等部门印发的《关于深化本科教育教学改革全面提高人才培养质量的意见》《教育部等八部门关于加快构建高校思想政治工作体系的意见》等指导文件，提出要严格教育教学管理，把思想政治教育贯穿人才培养全过程；加强学生管理与服务，依托书院、宿舍等学生生活园区，推动"一站式"学生社区建设，将学生思想教育、师生交流、文化活动、生活服务集于一体，增强教育效果。

第二节 价值意蕴

一、现代高校书院制建设的重大意义[①]

1. 现代高校书院制是融会中西高等教育模式的创举

教育模式在广义上描绘了一个国家教育制度的核心特质，在狭义上则专注于教育和教学过程的特定组织形态。现代高校书院制作为一种独特的教育模式，它巧妙地融合了中西高等教育的精髓，将传统高等教育资源与现代大学制度相结合，展现出鲜明的民族文化特色和开放的学科包容性。季羡林先生曾深刻指出，古代书院的精神在现代国学研究机构的传承中培养出了杰出的国学人才，这一模式在其他学科领域也值得借鉴与尝试。书院制的实施不仅是对现有教育制度的有益补充，还能有效凝聚海内外学者，助力中国文化在海外的传播。李弘祺先生亦强调书院在中国文化及人类教育史上的重要地位，并指出书院开放包容的态度和不断适应新环境的能力是现代社会需要借鉴和发扬的。因此，现代高校书院制的构建不仅符合当代教育模式变革的需求，还能纠正过分依赖西方模式、忽视本国教育传统、过度强调专业教育而忽视通识教育，以及重知识传授而轻人格培养的倾向。在继承与发扬民族教育传统的基础上，书院制还积极借鉴国际先进经验，为教育模式的创新提供了新思路。

在当前国际高等教育发展的潮流中，加强通识教育已成为一大趋势，而书院制正是推动这一趋势发展的有效方式。书院拥有深厚的通识教育传统，在高校建立书院教学组织和管理模式可以拓宽学生的学术视野，促进教学互动，优化育人环境，进而提升人才培养质量。值得注意的是，书院制的实施

---

① 张亚群. 大学书院制兴起的动因与时代意义 [J]. 河北师范大学学报（教育科学版），2003, 25（3）：41-42.

并不是要取代学院制，而是作为一种优化教育组织形式的尝试，旨在更好地发挥书院与学院各自的教育功能。以南京审计大学为例，该校通过设立"润园""泽园""澄园""沁园"四大书院，打破了专业界限，随机分配学生，重构班级结构，使辅导员全面进驻书院，实现书院与学院的协同育人，达到了通识教育与专业教育相结合的培养目标。

2. 现代高校书院制为高等教育立德树人提供了保障机制

高校书院制改革以立德树人为根本导向，符合新时代人才培养的迫切需求。现代高校书院制不仅继承了书院教育注重人格塑造、教学与研究相结合、自学能力培养的传统优势，而且进一步将知识传授、能力培养、课程思政与美育融为一体，强化了中国特色社会主义理想、信念和核心价值观的教育。同时，书院制的教育管理模式作为"三全育人"的关键路径，有效整合了思想政治教育与人才培养的全过程，优化了各环节的教育功能，显著提升了思想政治教育的实效性。

书院制的实施为高校实现育人目标提供了坚实的保障。首先，书院制推动了教育主体的多元化发展。书院制以育人为核心，协调教育者、管理者和学习者的教育活动，通过导师制等形式，充分发挥全体教育参与者的作用，共同实现育人目标。例如，东南大学设立的健雄书院、秉文书院，作为师生交流互动的平台，驻院导师在育人过程中发挥了至关重要的作用。其次，书院制促进了教育方式的多样化。作为一种开放的教育模式，书院制注重启发式教学方法，营造和谐的师生关系，促进教学相长；同时，书院制也强调学生的自主学习，激发学生的主体性和主动性，提升学习效果。最后，书院制拓展了教育的时空范围。住宿制书院采用学生社区管理模式，将学习管理与生活管理相结合，通过丰富多彩的第二课堂活动，为学生提供了更广阔的发展空间。书院制借助导师制、书院空间、社群活动等多种方式，丰富了大学教育生活，使其更加主动化和多样化，满足了高等教育普及化发展的需求。

3. 现代高校书院制是文化传承与创新的重要载体

在文化建设层面，书院制改革为中华优秀传统文化的传承与创新注入了新活力。中华民族丰富的传统文化是我们文化自信的重要基石，它与社会主义先进文化、革命文化相互交融，共同推动了中国式现代化的进程。通过创建大学书院，开展传统文化课程与多样化文化活动，我们得以弘扬传统文化的精髓，进而增强对民族文化的自信。在文化传承方面，大学书院不仅承担着传授和研究传统文化的重任，还致力于改造和推广传统文化，推动民族文化的现代转型。对于书院文化的精华部分，我们采取创造性转化和创新性发展的策略，使其与现代教育和大学特点相契合，从而展现出具有传统精神、现代理念、中国特色、现代化和国际化水平的大国教育风采。

书院以其深厚的文化底蕴，承载着爱书、读书、藏书的传统。一个缺乏文化气息的教育机构，其凝聚力和社会影响力自然会大打折扣。因此，推广高校书院制有助于在校内营造浓厚的学术氛围，削弱商业气息，进一步推动学习型社会的构建和终身教育的实施。此外，书院制还有助于平衡科学技术教育与人文教育，强化人文研究，纠正功利化的教育评价导向，减少功利主义对高等教育的侵蚀。著名数学家丘成桐在谈及清华大学求真书院时曾强调，鼓励学生广泛阅读豪放派诗词、司马迁的《史记》等作品，这对科学研究大有裨益，而且有助于学生开阔视野、关注更广泛的问题。这正体现了求真书院"寻天人乐处，拓万古心胸"的院训精神。随着学习型社会的不断深化，大学书院的文化功能将受到更多学者的认可与推崇。

4. 现代高校书院制是促进学术创新和教育交流的有效路径

为了推动高等教育的蓬勃发展，营造理想的学术研究环境至关重要。在全球化和信息化浪潮下，我们需要更积极地扩大和深化文化教育交流，以更好地处理学术研究与教育交流之间的关系。书院作为学术研究的传统阵地，其注重学术研究、鼓励质疑问难和开展会讲的优良传统被现代高校书院制所继承。这一制度鼓励不同学术流派之间的对话与争鸣，打破了学术壁垒，为学术创新和学生成长提供沃土。西湖大学校长施一公强调，大学教育的核心在于培养学生的独立思考和自主探索能力。他期望学生能够积极倾听、深入思考和勇于争辩，学会以合理有据的方式提出不同观点，从而真正开启科学探索的大门。此外，施一公还期望学生能够拥抱大时代，担当大任，追求更高的学术境界。这一期望也是其他大学推行书院教育模式的初衷。

为了充分利用优质的教育教学资源，推动学术发展，近年来海峡两岸及港澳地区的高校积极开展了书院制改革的交流合作。2014 年，香港中文大学、台湾清华大学、复旦大学等 7 所高校共同成立了"亚太高校书院联盟"，该联盟通过分享教学管理和课程建设的经验，丰富通识教育资源，推动各校之间的合作办学。2018 年，复旦大学、华东师范大学等 10 所高校又发起成立了"长三角高校书院联盟"，进一步拓展了合作范围，为大学生创造了更加优越的学习环境，并提升了中国高等教育的国际影响力。此外，海峡两岸的文化教育界也高度重视书院教育交流。他们通过举办全国书院论坛等活动，促进了传统文化教育的研究与交流，为书院制的推广与发展注入了新的活力。这些努力不仅有助于提升学术研究的水平，也有助于学生增强文化素养和开阔国际视野。

二、现代高校书院制建设的价值意蕴

首先,现代高校书院制作为人才培养新模式,能够促进新时代拔尖人才培养。2018 年,《教育部等六部门关于实施基础学科拔尖学生培养计划 2.0 的意见》发布,要求"深入探索书院制模式,建设学习生活社区,注重环境浸润熏陶,加强师生心灵沟通,促进拔尖学生的价值塑造和人格养成"。2020 年,教育部高等教育司印发《教育部高等教育司 2020 年工作要点》,提出"深入实施'基础学科拔尖学生培养计划 2.0'","支持高校开展书院制、学分制、导师制拔尖人才培养模式改革"。显而易见,书院制已经成为我国拔尖人才培养的重要模式。而事实上,现代高校书院制不论是在精神理念方面,还是在导师制实施方面,或是在教学内容设计方面,最终的目的就是促进人才培养。如在导师制实施方面,现代大学书院为了实现全人教育目标,大力开展师生学术交流活动,积极建设包含学术导师、生活导师、朋辈导师等在内的导师制度;在教学内容设计方面,现代大学书院从全球化视角出发,坚持"中西文化融会贯通"方针,形成一套包含中国传统优秀文化和西方优秀文化在内的教学内容体系,在一定程度上保障了新时代拔尖人才的培养质量。

其次,现代高校书院制作为教育本土化新模式,能够促进教育生态发展。2018 年,《教育部对十三届全国人大一次会议第 2290 号建议的答复》指出,"充分挖掘传统书院教育的内涵和特色,结合时代特征加以损益,将中国优秀教育传统与现代体制教育有机结合,对激发教育活力、改革办学模式、弘扬中华优秀传统文化等具有重要意义。这为现代高校书院制确立了"办学身份"。而在现代高校书院里,"学生为本"的书院宗旨、宿舍社区的空间设计、自主研习的教学方法、环境育人的隐性功能等内容构成了教育生态体系,确保了教育的生态化发展。也就是说,现代大学书院秉持"学生为本"的教育理念,从全局出发,对书院精神与宗旨、管理与服务制度、教学内容与方式等方面进行了系统性设计,本质上是为了使"人"成为"人"。它以宿舍社区空间为依托,除了满足学生的生活功能,还赋予其文化交流、休闲娱乐、社团活动等多重功能,为学生全面发展提供了平台。另外,它还以人与自然和谐共生为生态环境建设追求,从书院选址、建筑布局、园林景观等方面进行设计,努力实现"一地一景,一景一文化"的环境文化,最终是为了发挥生态环境的隐性教育功能。

最后，现代高校书院制作为学生管理新模式，能够促进学生全面成长。2019 年，教育部印发《教育部关于深化本科教育教学改革全面提高人才培养质量的意见》，要求"积极推动高校建立书院制学生管理模式，开展'一站式'学生社区综合管理模式建设试点工作"，加强学生管理和服务。2020 年，教育部等八部门印发《教育部等八部门关于加快构建思想政治工作体系的意见》，提出"依托书院、宿舍等学生生活园区，探索学生组织模式、管理模式、服务机制改革"，推动"一站式"学生社区建设。可以说，"一站式"学生社区管理模式以党建引领发挥书院社区潜在的育人特点，以文化浸润打造富有精神理念的社区文化，以自我管理凸显学生的主观能动性，是现代大学书院保证学生全面成长的首要选择。从现实来看，以北京航空航天大学、西安交通大学、浙江大学为代表的首批入选"一站式"学生社区管理模式建设试点的高校，均设有书院。以西安交通大学为例，该校将彭康、文治、启德等九所书院全部纳入"一站式"学生社区建设，通过成立工作领导小组、集合多部门力量、提出多项具体举措，形成了"书院—学院"联席会等常态化工作机制，建立了"四位一体"育人模式，构建了党团组织、学生发展、生活服务等工作体系，营造了以"西迁精神"为底色的学生社区文化氛围。

第三节　发展现状

一、现代高校书院制建设的本质内涵[①]

现代高校书院制作为近年来我国高等教育领域的新兴模式，在培养新时代杰出人才、推动教育生态的蓬勃发展及促进学生全面成长等方面具有不可忽视的价值。然而，这一模式本质上是传统书院制与西方住宿书院制相结合的产物，在精神理念、性质定位、顶层制度设计及学问之道建构等方面仍面临挑战，需要学术界进行更深入的探索和完善。

当前，学界对于"现代高校书院制"的界定尚未形成统一认识。概括而言，其概念包括：一是作为文化教育载体的书院宿舍区，旨在通过构建文化

---

① 相巨虎. 从"模式移植"到"本土生长"：现代大学书院建制的现状、经验与展望 [J]. 大学教育科学，2023（5）：118.

育人环境，实现文理交融、专业互补、个性拓展，培养学生的公民意识与公共精神；二是作为教育管理制度的高校书院制，与学院制相辅相成，着重于学生生活社区的建设和自主发展；三是依托高校的创新性教育管理组织，借鉴西方住宿书院制并融合我国古代书院精髓的改革成果；四是建立以书院为单元的学习与生活社区，构建师生共同成长的育人平台，实施通识教育并承担学生教育职责。现代高校书院制是在我国高等教育现代化发展的背景下应运而生的，旨在培养新时代所需人才，追求高等教育本土化与特色化发展，通过增强民族文化自信心、传承中华优秀传统文化、构建学问之道、完善制度设计及发挥书院环境教育意蕴等途径，形成独具特色的新型教育模式。这一模式并非一时兴起，而是我国高等教育现代化发展的一种趋势和高校内涵式建设的新方向。

二、现代高校书院制建设的现实状况

近年来，现代高校书院制凭借其新颖性、独特性和引发的争议，已成为学界关注的焦点。从历史脉络看，自2005年复旦大学和西安交通大学率先引入现代高校书院制以来，这一模式在我国高校中迅猛发展。从现实需求看，现代高校书院制在实体功能、建设内涵、育人模式等方面展现出勃勃生机，对推动高等教育特色化、培育杰出人才、加强学生管理等方面具有显著效果。现代高校书院制在精神理念、性质定位、制度设计、学问之道等理论层面参考了西方书院制的内容且面临诸多挑战。一方面，部分高校在推行书院制时贯彻"先行后知"原则，导致书院精神缺位与性质定位模糊。这种缺乏深度思考和精神内核的做法，使得书院发展方向不明，对教师的培养和学生的培育均有不利影响。因此，明确书院的精神内核和性质定位，是推动书院制健康发展的关键。另一方面，高校对书院制改革的认知模糊，顶层制度设计亟待完善。目前，国家层面尚未出台关于书院建设的指导性或规范性文件，高校层面也存在理论认知不足和制度设计缺失的问题。书院的组织架构、管理机制、导师制度等方面尚需进一步规范和完善。为了解决这些问题，需要明确书院与学院在人才培养中的定位，加强书院内部的治理和协同合作，确保书院制改革的顺利推进。

此外，高校在书院制改革中缺乏系统性改革共识，导致学问之道建构不足。书院在文化建设、教学内容、教学方法等方面未能充分体现其独特价值。为了解决这个问题，需要解构和重构书院制的学问之道，从内容、方法、空间等文化建设上发挥书院教育的独特优势。同时，需要关注传统文化的现代性转化，将传统文化精神融入书院教育中，培养学生的传统文化情感和伦理素养。现代高校书院制在推动高等教育特色化、培育杰出人才等方面具有重要意义。然而，在精神理念、性质定位、制度设计、学问之道等方面仍需进一步完善和提升。所以，只有明确书院的精神内核和性质定位，完善顶层制度设计，加强系统性改革共识和学问之道建构等方面的工作，才能推动现代高校书院制持续健康发展。

第四节 功能体现

现代高校书院制的功能主要体现在两个方面：一是注重培养拔尖创新型人才，二是注重培养面向未来的人才。

一、注重培养拔尖创新型人才

在培养符合社会需求、具备家国情怀的复合型拔尖人才的过程中，书院发挥着至关重要的思想引领作用。科学无国界，但科学家对祖国的忠诚是必要的。拔尖创新型人才是国家实现科技自主的关键力量，书院应成为他们思想成长的摇篮。书院超越了仅注重学业和管理的教育模式，更强调学生的价值塑造和人格养成。在书院教育中，我们坚持立德树人，旨在培养具备高尚品德和卓越才能的国之栋梁。

书院教育不仅涵盖了传统的军事理论、思政实践等课程，还创新性地整合了劳动教育和成长通识等多元内容。这些课程通过课堂外的资源整合和导师的悉心指导，注重"浸润"与"熏陶"，让学生在实践中感悟，在思考中成长，从而深化家国情怀。

书院制"以人为本"，致力于塑造全面发展的个体。通过系统的通识教育体系，我们传授学生成长所需的知识与方法，培养他们的审美情趣和强健体魄。书院鼓励学生自主学习、积极探索，坚持"五育并举"，旨在帮助他们形成博专统一、知行合一的健全品格。

此外，书院构建了一个尊重生命样态、交叉复合的成长共同体。在这里，师生间、学生间和谐共生，形成了一个平等互尊的教育生态圈。书院补全了传统教育体系中的宿舍生活区短板，将传统的班级组织架构转变为以楼栋、寝室为单位的学习生活社区，促进了课内外教育的融合与实践育人的深化。书院教育通过各部门的协同联动，转变了传统的师生关系，建立了"教学相长"的成长共同体，实现了全方位、全过程、全员参与的育人目标。

二、注重培养面向未来的人才①

在中国高等教育领域，高校书院制正处于发展的初期，不同学校根据各自特点建立了各具特色的书院制度。从覆盖面、专业属性到管理与教育职能，书院的形式多样且各有侧重。在书院未来的建设中，我们需要从理论和理念层面深入考虑以下四对关系：

第一，探索性与传承性的平衡。书院在追求创新发展的同时，应不忘传统书院制和传统院系制的精髓，既要继承中国传统书院"教学相长""师徒授受"的优良传统，又要结合现代化需求，开创符合中国国情、助力中国科技自立自强的新局面。

第二，教育性与管理性的统一。书院不仅要坚持立德树人的教育原则，还要在管理中融入教育内涵，通过"教管融合"的方式，既赋予书院一定的教育教学权责，也使学生在规范约束中实现自我管理和自我教育，培养学生对书院和国家的归属感与认同感。

第三，主体性与集体性的协调。在注重学生个性发展的同时，书院也应培养学生的集体主义精神：给予学生更多选择权，如自选专业、书院、导师和课程，以激发其个体潜能；同时，也要注重培养学生的家国情怀，提升其集体归属感，实现个性与集体主义的和谐统一。

第四，实践性与未来性的融合。书院教育既要关注当前的社会需求和实践问题，也要关注学生的未来成长和发展，实践教学和未来规划相结合，帮助学生解决实际问题，同时培养他们的长远眼光和未来规划能力，引导他们以务实的精神走向未来。

第五节　江苏大学实践：四万人的十大书院

现代高校书院制与"一站式"学生社区建设密切相关，相互促进。书院制强调以学生为本，注重学生的全面发展，为学生提供了集体生活和学习的平台。"一站式"学生社区建设通过整合资源，将思政教育、生活服务、文

---

① 李凤亮. 现代书院制：高校正在探索的人才培养模式 [N]. 学习时报，2023-05-12 (6).

化活动等融入学生社区，构建全方位的服务体系。二者在育人目标上具有一致性，书院制为社区提供教育教学平台，促进师生交流；而"一站式"学生社区为书院制提供良性的内在机理，推动书院制改革。这种相互交融的关系有助于提升高校管理育人水平，促进学生全面发展。

江苏大学深入学习贯彻习近平总书记关于教育的重要论述，切实落实立德树人根本任务，以深化全员书院制改革为抓手，按照"高点定位、高标设计、稳步推进、逐步完善"的工作思路，充分发挥书院和学院双院协同育人合力，不断完善"一站式"学生社区建设体制机制，积极构建党建引领、思政引导、资源集聚、智慧赋能、融合共治的"一站式"学生社区育人共同体，推动学校"三全育人"工作提质创新，努力将"一站式"学生社区建设成坚持党的领导的重要载体、践行"一线规则"的最好抓手、防范风险挑战的前沿阵地、培养时代新人的创新场域。

一、构建"一站式"学生社区建设"四梁八柱"，党的教育方针政策全方面落实

一是高位推动，积极探索社区运行领导机制。加强党对"一站式"学生社区建设的全面领导，校级层面成立以校党委书记为组长的"一站式"学生社区建设工作领导小组，党委书记履行社区建设第一责任人职责。成立学生社区党工委，统筹学生社区建设工作。社区层面建立梦溪书院等 10 个书院，形成学生社区党工委—书院党总支—学生党支部三级组织架构。校党委常委会、校长办公会将试点工作作为重要议题，先后多次召开专题会议进行研究部署。另外，学校还组织召开了全校"深化'三全育人'综合改革，推进'一站式'学生社区建设"工作会议，全面部署推进"一站式"学生社区建设工作。

二是系统谋划，建立工作责任落实机制。校领导带领相关人员认真学习教育部推进会精神，调研学习西安交通大学等兄弟院校的先进经验，定期组织组织部、宣传部、基建处等相关部门开展学生社区建设工作研讨，印发《江苏大学"一站式"学生社区建设实施方案（试行）》等文件 34 个。制定年度工作要点、任务分工表，明确 21 个牵头部门的工作目标和工作职责，把"一站式"学生社区建设工作纳入学校年度综合考核，有效激发工作活力。

二、构建学生成长引领体系，一流育人资源全方位下沉

一是汇聚高水平育人队伍合力。全面落实《各类育人力量下沉学生社区的实施方案》，推动领导力量、思政力量、管理力量、服务力量下沉到学生身边。① 推进管理干部进社区。遴选 336 名领导干部担任 62 栋 430 层学生社区"楼长""层长"，每月开展"校领导进社区，面对面话成长"系列活动，切实解决学生"急难愁盼"问题。② 推进辅导员进驻社区。专职辅导员按 1：200 比例分配到 10 个书院，在社区开展思想教育和行为养成教育。③ 推进专任教师进社区。以宿舍为单位选聘专任教师担任学生学业导师，选派优秀青年教师担任学生科创导师，实现"教师人人当导师，学生人人有导师"。在社区创办思政教育"行走的课堂"，推进思政课程与课程思政同向聚合。

二是高标准做好物理空间保障。① 强化顶层设计。校长带队深入社区一线，实地察看书院办公地点选址，指导书院改造建设。划拨专项经费，因地制宜盘活存量，科学设计施工方案，为育人力量进驻社区提供条件保障。② 优化资源整合。升级学生社区活动空间，拓宽党团活动、研讨交流等公共物理空间，进一步扩大覆盖面和受惠面。③ 打造师生共同体。围绕学生学习生活需求，成立学生社区医疗服务中心、公共艺术中心等十大育人中心，系统调动学校、院系、职能部门等各方面力量协同开展工作，实现过程性规范、伴随性指导。

三、构建学生成长护航体系，优质育人服务全天候供给

一是打造"精准化"社区智慧服务平台。① 突出网格化管理。以楼栋为单元，提供靶向服务，满足学生的多元化、个性化需求，一体化建设"线上线下、虚实一体、互为支撑、互为补充"的社区管理模式。② 突出智能化服务。以实现对学生的一键画像、过程记录、趋势预警、智能推荐和科学评价为目标，不断完善学生成长管理服务智慧平台建设，深度挖掘学生学习生活、成长发展纪实数据，掌握学生的选课情况、党团活动、科创实践、心理状况等。

二是优化"一站式"资源要素供给。① 注重集约化服务。为了提升服务效率，实施集约化策略，将 12 个涉及学生事务的部门集中整合为"一站式"学生事务与发展中心（简称"中心"）。中心采取"大厅式、一站制、

专业化"的运作模式，旨在减少学生办事的繁琐流程，实现数据的快速流转。② 注重"一站式"服务。推动窗口服务、网上服务和自助服务平台的深度融合，通过这一模式实现了"一键办理、一网通办、一站办结"的便捷服务。学生社区设立了 24 小时自助服务区，截止到 2024 年 5 月，已提供 362 项学生服务项目，累计服务学生达 25.6 万人次。③ 注重特色化服务。坚持"服务+引领"和"服务+发展"的理念，举办了一系列特色专项服务活动，如"新生服务季""毕业服务季""留学服务季""壹课堂"等。这些活动不仅提供了必要的服务，还融入了思想引领和价值导向，构建了社区服务的育人平台，有效提升了思想政治教育的实效性。

四、构建社区安全护航体系，学生主体作用全过程发挥

一是当好社区教育管理"主力军"。成立大学生自我管理委员会，下设学生社区管理、思想引领与学风建设等 5 个学生分会，将学生参与社区工作的表现作为学生综合评价的重要指标，激发学生的参与热情。选聘 9321 名寝室长作为社区网格员，定期开展安全、法纪、心理、资助、学业规划等系列培训。

二是当好社区管理文化"践行者"。① 大力弘扬耕读文化。推进课堂教学与社区实践、社会实践和为农服务相融合，开展劳动教育成果展示、劳动主题月、劳模进校园等活动，引导学生学会劳动、尊重劳动、热爱劳动，厚植知农爱农为农情怀。② 加强社区文化建设。全校 100 个学生社团以社区为阵地，开展社区文化节、心理健康教育节等丰富多彩的个性化活动，开展寝室美化设计大赛、安全文明建设月等特色活动，形成"价值共育、文化共享、成长共赢"的生动局面。

在由高等教育大国向高等教育强国迈进的过程中，如何通过现代大学制度和大学文化创新建设具有中国文化特色的大学，是中国高校深化改革的重大课题。对地方高校而言，书院制是一种大胆的探索和有益的尝试，可以在大学文化建设、人才培养模式改革和内部管理方面带来许多新的变化。江苏大学以全员书院制引领"一站式"学生社区建设，有利于高校培育办学特色和提高人才培养质量。

当然，江苏大学以全员书院制推动"一站式"学生社区建设的教育改革尝试，还有待进一步完善并加以深入实践。未来，要持续优化书院学生住宿方案，逐步改变书院对接过多学院情况，形成各类育人力量全面进驻书院开

展工作，工作机制和模式逐步完善，书院环境条件不断优化，各类学生组织功能健全、运行顺畅，党建活动、学生活动、思政教育活动、文化建设活动等各类活动全面铺开的"价值共育、文化共享、成长共赢"生动局面。

我们有理由相信，全员书院制作为一种新的尝试，将日益显示出旺盛的生命力，在深化高等教育改革的新时期，书院制建设能为高校人才的培养和教育管理制度的改革带来新的希望和契机。

第三章　走向学院与书院协同育人

　　我国经济社会的迅猛发展推动了高等教育综合改革的深入，在这一背景下，国家对复合型高素质人才的需求愈发凸显。"人才资源是第一资源"，其引领驱动作用巨大。然而，传统教育模式在人才培养方面逐渐暴露出与社会需求脱节的问题。为应对这一挑战，自 2019 年起，教育部积极倡导并推动书院制改革，选定 10 所高校作为"一站式"学生社区建设的首批试点。通过精准的政策指导、试点推广、过程监控和经验分享，这一模式在短短几年内取得了显著成效。到 2022 年，参与"一站式"学生社区建设的高校数量已扩至 1447 所。"一站式"学生社区建设不仅成为推动高校高质量发展的有力抓手，更是展现中国特色社会主义大学独特优势和根本属性的积极探索。这一模式通过优化资源配置、创新教育理念，有效促进了人才培养与社会需求的对接，为培养更多符合时代要求的高素质人才奠定了坚实基础。

　　随着"一站式"学生社区试点高校数量增多，各高校立足自身发展特色，开创不同的路径推进学生社区建设，书院制逐渐成为一种新时代背景下的通识教育人才培养和管理的新模式。书院制教育创新学院与书院协同育人机制，通过加强通识教育和环境熏陶，拓展学术及文化活动，促进学生文理渗透、专业互补；通过让不同专业、不同年级的学生一起学习生活并交流彼此分析问题的思维方式，促进学生全面发展，培养创新型人才。①新时代背景下，如何更好地发挥书院制的育人功能，构建学院与书院协同育人路径，打通"三全育人""最后一公里"，成为落实高校立德树人任务的关键。

---

① 李禾，李诏宇. 书院制：变革人才培养固有模式 [N]. 科技日报，2023-05-24 (6).

第一节　价值意蕴

一、落实立德树人根本任务的客观要求

高校最根本的职能在于培养人才,立德树人是高校育人的根本任务。2018 年 5 月 2 日,习近平总书记在北京大学师生座谈会上的讲话中强调:"要把立德树人的成效作为检验学校一切工作的根本标准,真正做到以文化人、以德育人,不断提高学生思想水平、政治觉悟、道德品质、文化素养,做到明大德、守公德、严私德。"① 书院以学生为中心,通过书院空间文化熏陶、导师引领、朋辈引导、通识课程讲授和素质活动拓展等第二课堂落实立德树人根本任务,弥补学院专业教育、思政课程、专业教师和辅导员之外的教育功能,与学院的育人功能相互补充,让育人环节更加完善、育人要素更加丰富、育人形式更加多样,让学生在书院与师生同伴的交往和自我管理服务的过程中树立正确的价值观、人生观、世界观,实现价值引领、能力培养和知识传授的有机统一,深入落实立德树人的根本任务和要求。

二、构建"三全育人"格局的重要抓手

高校肩负着培养德智体美劳全面发展的时代新人的重要任务。高校学院与书院形成协同育人模式,学院将导师、管理干部、后勤人员、辅导员、知名校友和校外专家等力量汇聚书院,立足学生生活园区和学生成长发展全链条育人,打破了学院专业教育、班级管理等在时间和空间上的限制,是构建"三全育人"新格局的重要抓手和"三全育人"的新阵地。高校要将书院育人作为学院育人的有益补充,纳入高校育人的全过程,发挥书院文化育人、通识课程育人、管理育人、服务育人功能,把思想政治教育贯穿书院学生成长始终,实现全过程育人。同时,高校要在学院专业育人的基础上拓展育人方法和途径,优化书院空间,美化书院环境,建好活动设施,搞好便捷服务,实现全方位育人。

---

① 习近平. 在北京大学师生座谈会上的讲话 [N]. 人民日报,2018-05-03 (2).

三、促进学生全面发展的现实需要

学生社团是我国校园文化建设的重要载体，是第二课堂的引领者，是促进不同专业学生之间交流的桥梁。学院与书院协同育人模式的构建，对深入践行"一线规则"，将学生社团、自治组织建立在学生身边，加强学生组织管理，引导学生积极参与书院自治，以及发挥社团的育人功能、激发学生的主人翁意识等具有重要作用。学院与书院协同通过通识教育和第二课堂开展导学、科技、文化及实践活动，鼓励社区学生自治，实现学生文理交融、专业渗透、素质拓展，鼓励不同背景的学生互相学习交流，满足学生的个性化发展需要，是一种"全人"教育，是全面发展的教育。学院和书院协同育人，意味着既能发挥学院专业育人、课堂育人的"主渠道"作用，又能挖掘书院宿舍园区、社区文化、通识教育、导师导学和素质拓展等第二课堂育人的"主阵地"作用，有利于实现科研与实践育人的有机统一，促进学生德智体美劳全面发展。

第二节　典型模式

一、双院协同育人的模式特点

学院与书院协同育人模式改变了传统的单一住宿模式，真正地打破了专业、年级的界限，拉近了学生之间的距离，可以让学生参与到书院的管理中，培养其综合素质。双院协同育人模式在不断探索发展，当前双院协同育人模式的特点在书院层面主要是"一站式"和自组织性；在工作机制层面主要体现的是多主体协同性，其动态演化性贯穿整个书院制育人模式的推进过程。

1. 空间上"一站式"

现代高校书院制育人模式以"一站式"学生社区为空间载体，把思政、管理、服务、课程、心理、资助等育人力量下沉到教育管理服务学生一线，将学生社区从生活园区升级为集学生思想教育、师生交流、文化活动、生活服务于一体的"一站式"教育生活园地。书院提供了一个支持性的社区学习环境，让学生积极参与书院的各项活动，促使学生在知识的广博与专精上融通合一，在求学与修身上相得益彰。

2. 业务上多主体协同

（1）多主体的职能定位

在双院协同育人模式下，育人主体包括书院、学院及各职能部门。书院推行导师制、组建特色社团、举办"五育"活动等，为学生提供由内而外的精神指引；学院是教学科研中心，主要开展"学习、学业、学术"工作，负责专业知识的传授；各职能部门按照职责定位，为书院制育人提供人、财、物的保障和支持。综合管理客观上集成了各主体涉及学生的工作业务，强调多主体工作中的协同。

（2）多主体的协同育人机制

① 书院与学院的协同育人。在书院制育人模式的育人主体中，书院和学院的协同最为重要。书院和学院具有共同的大学文化、共同的育人目标、同一的教育管理对象，却有着不同的育人理念、育人模式、育人机制和育人资源，既相互联系又相互独立，这种现象在书院制改革的运行实践中广泛存在。书院与学院协同的核心是多维导师制，其主要构架是：管理层——传统意义上的辅导员组成的驻院导师；学术层——由学院选派的学术骨干组成的学业导师。辅导员既是学生的知心朋友，又是学生的人生导师，引导学生树立正确的价值取向。学业导师是专业学习的向导者、科研实践的教导者和职业生涯的引导者。教育教学主管部门要定标准、做监督、搞评估、提服务，以学生为中心，重在"用好"；书院同样以学生为中心，重人文科学、心理认知、人际互动、竞技体魄、多学科素养，重在"育好"；学院以专业为中心，重问题导向、创新思维、专业教育，重在"建好"。双院协同育人模式能够将多元化的育人力量和资源汇聚到学生一线，要求辅导员等力量入驻社区，鼓励教师群体中的"大先生"担任学生导学导师，聘任杰出校友、大国工匠、劳动模范、知名企业家等担任兼职导师。同时，高校可借此模式开展多种形式的校内外导师培训和交流活动，加强导师导学效果的考核评价，提升导师导学的专业化水平。在双院协同育人的情况下，可实现学生上课在学院，下课在书院，学院和书院相互配合，不断提升学生的思想道德素质和专业能力水平。

② 书院与各职能部门的协同育人。各职能部门根据"三全育人"的职责和"十大育人"体系的内容，践行"一线规则"，把领导力量、思政力量、管理力量、服务力量下沉到学生中间，特别是整合组织、人事、后勤、校医院、体育部、心理健康教育中心等职能部门的育人资源和功能，引导更多的管理干部进入书院社区，形成资源共享与协作互补的育人合力，将教育

资源汇聚到学生身边，服务学生成长成才。

3. 双院协同育人模式处于动态演化过程

书院制育人模式从 2019 年率先试点，到 2021 年集成探索，再到 2023 年全覆盖，具体运行机制不尽相同，这也导致其在思想意识层面、制度规范层面和组织形态层面具有较为明显的动态演化性。

① 思想意识的动态演化。思想是行动的先导，只有认识到位，行动才会自觉。书院制育人模式的改革自然也要从思想意识的觉醒开始。从 2019 年到 2023 年，通过各地各高校的督促落实和创新推动，书院制育人模式逐渐形成一系列可复制、可推广、可借鉴的典型经验。将学生社区建设成为学生党建前沿阵地、"三全育人"实践园地、智慧服务创新基地、平安校园样板高地，以书院制为载体的"一站式"学生社区综合管理模式建设工作成为中国特色社会主义大学治理体系下学生管理模式改革的重要抓手和实现途径。

② 制度规范的动态演化。书院制的形成是一个动态演化的过程。首先，书院制的制度体系构建涉及范围广泛，尤其涉及书院、学院协同育人的权责关系，书院新型育人制度体系要与学校其他改革制度有机衔接、相互配套、相得益彰。其次，学校与学校之间客观环境、资源及历史背景不同，任何一种书院制度都不具有通用性，更不能对制度生搬硬套。基于此，学校应该在把握书院共性问题的基础上，因时因地探索具有各自特色的书院运行模式。

③ 组织形态的动态演化。组织形态的变革受到主体需求、战略规划、环境影响和信息技术发展等因素的综合作用。从某种程度上说，书院作为新的组织结构，与原有学院制的教育理念、育人模式、培养体系、组织文化和资源保障都不尽相同，必然受到传统的思维习惯、原有的组织路径依赖和运作方式的束缚。而要打破这些组织壁垒，必然会与大学现有组织之间产生一系列的张力和摩擦。在现行的书院制改革中，组织形态从学院制育人的"校—学院—班"转向"校—学院—班"和"校—书院—宿舍"双轨并行的组织模式。于学生群体而言，这种组织形态的演化最大的变化是增加了书院这一管理的主体，书院和学院实行双重管理，这种共同育人机制一定程度上增加了教育管理的复杂性和难度，只有不断地动态演化，才能使得书院制更加成熟和完善。

4. 自组织性

不论书院制的管理模式如何变化，其核心运维方式始终是社区化管理。自治作为社区管理的核心本质和基本属性，要求我们充分激发多元利益主体的参与热情，特别是要调动学生的内生动力，充分发挥他们的主体性。书院制改革的自组织性以自主、自发、自治为原则，但并不完全去除教师和辅导员的作用。它是通过营造良好的学习环境、文化氛围和多元化的制度环境，给予学生较强的参与权、决策权和执行权，最大限度地挖掘他们的潜能，使得他们更好地认识自我、塑造自我，并从中获得归属感和自我认同感。书院的自组织性是书院制育人模式下人才培养的又一尝试，是师生共同参与下的自治，有利于增强独立能力、组织能力，有利于塑造责任意识、公民意识。书院通过教育和自我教育、指导与服务、协助与自律等手段发挥其育人的功能，而不是依靠传统的行政权力履行职能。正因如此，书院制具有明显的自组织性。

二、双院协同育人的改革路径及典型模式

1. 双院协同育人的改革路径

实施"一站式"学生社区综合管理模式建设，是深入学习贯彻党的二十大精神和习近平总书记关于教育的重要论述及提升新时代高校党建和思想政治工作系统化、精细化水平的重要改革举措。当前，各地高校都在探索"一站式"学生社区建设，各大高校都在努力占领学生社区这一育人高地。目前，高校在多样化地创建"一站式"学生社区，双院协同育人的模式也在多样化，国内高校书院制改革的路径大致可以分为4类。

一是囊括全员的大型住宿式书院，比如西安交通大学把本科生整体纳入八大书院，书院跟专业学院是并行的。二是小型试验型书院，主要进行拔尖人才的培养，比如北京大学元培学院，这种书院规模小，学生要经历竞争性的筛选才能进入，书院有相对独立的培养方案和专业建制。三是特色型书院，主要是针对某个群体进行培育，或高校要推行某种独特的教育理念而成立的书院。比如山东第二医科大学2015年成立了乐道书院、济世书院，旨在为培养德术双馨、目光远大、全面发展的医学人才发挥独特的作用。四是阶段性的教育管理型书院，也就是新生书院，这类书院对本科教育的前期阶段集中管理，进行通识教育，高年级再回归专业院系。

2. 双院协同育人的典型模式

各高校立足自身实际和发展需求进行不同模式的"一站式"学生社区建设的探索尝试，因人才培养定位和校情各有不同，它们在书院制改革中所采取的双院协同模式也各有特点。

例如：哈尔滨工业大学威海校区依托书院形成了独具特色、覆盖全体学生、以"八融合"理念为指导的"学院＋书院"特色管理模式，为"一站式"学生社区综合管理模式奠定了坚实基础；华南理工大学"一站式"学生社区实行"书院＋学院＋研究院"育人模式，协同拓展"1+1+1＞3"的深度与广度，为学生成长成才注入强大动力；西安交通大学着眼打造党建引领、知行兼修、师生共处、因材施教的"一站式"学生社区，有效发挥学生社区思政育人、环境育人、文化育人等功能。西安交通大学模式是实施本科生全覆盖的学生社区建设；浙江大学模式是聚焦低年级学生社区实体建设；厦门大学模式是依托学生公寓建立功能型党支部进行社区建设；苏州大学在条件充分的社区，实现辅导员常态化进驻，与学生同吃同住同生活，开展日常思想政治教育和社区活动指导工作；南京林业大学实施红色"1+1"计划，即一个学生社区党支部与一个学院党支部"联学共建"，凝聚学院优势资源和社区学生力量，引领党建工作和学生社区，促进思政教育工作与党建工作深度融合，建设"戏剧+""一站式"学生社区文化育人启智润心培根铸魂；江苏商贸职业学院建设"学校—二级学院—班级"纵向管理与 22 栋学生公寓楼横向服务的网格化社区工作机制，学院教工党支部延伸到社区联系学生，引导党员教职员工成为公寓层长、楼长，完善学生事务与发展中心建设，共创网格化管理和党建服务工作机制；河南科技大学实施"双导复合协同"模式，建设了一支由驻院导师、特聘导师和学业导师组成的导师队伍，全力推动学业导师到书院开展学业指导，构建学院主导、书院引导的大学生课内培养推进机制和书院主导、学院配合的大学生课外培养推进机制；河南中医药大学实施"分学段协同"模式，实行学院和书院双轨制运行，中药与药学类、医药相关类专业大一年级纳入书院制管理，开展通识教育，大二年级学生进入学院进行专业学习，学生思政和素质教育由各学院实施。这种模式实现了学院与书院在学生不同学习阶段的分工合作和有机融合。

第三节 当前问题

书院制下的双院协同育人是新时代高校进行高等教育改革的重要方式。它通过书院制改革，立足我国古代已有的书院制的育人模式，借鉴英美等一流大学住宿制学院的教育经验，打破原来以书院为主体的培养模式，形成学院与书院协同育人机制，实现学生德智体美劳全面发展，但在双院协同育人的探索实践中仍然存在诸多困境。

一、协同理念认识不够统一

理念是行动的先导。书院、学院目前在育人理念上存在不一致情况，导致双院协同育人模式改革思维不同步，因而影响书院制改革合力。书院以通才教育理念为核心，重视通识教育，学院则固守专才教育理念，重视专业教育。育人理念的不同，反映在学生教育管理实践中，表现为新型学生教育管理模式与传统学生教育管理模式的对立与冲突，实质上是破旧与立新的力量交锋。长期以来，中国高校受到专才教育理念的影响，想要打破旧的思维，使新的教育理念融入专业教育中，困难在所难免，但要正视问题存在，敢于破旧立新。另外，学院本身对书院制改革的实质内涵理解不深刻、不全面，任课教师甚至学院领导班子对"书院制是什么"一知半解，模棱两可，不少教师更是仅仅从分工上片面地将书院制改革理解为就是把学院的学生管理工作剥离出去，忽视二者在立德树人根本任务上的一致性。一些高校对书院制改革的宣传力度不够，高校师生对双院协同育人理念的理解不到位，因此育人活动方面师生的配合度不够。理念不清晰，思维就无法统一，学院和书院在日常育人工作中容易形成"各自为政"的局面。

二、顶层设计不够科学

书院制育人模式改革涉及学校机构设置、干部人事、教学改革、后勤保障、经费投入等方面，需要高校在办学理念、管理体制、运行机制上进行科学顶层设计。一些高校在推进书院制改革的初期，关注较多的是书院育人空间的建设，以及书院和专业学院的职责划分问题，对系统性的顶层设计关注不够。一些学校虽然成立了书院制改革领导小组，但对如何调动职能部门的配合力度研究不够，对书院与学院如何协同开展工作缺乏系统规划。专业学院习惯于主抓第一课堂的工作，书院则主要负责第二课堂和学生的日常管理，二者基本上按照分工独立运作，协同的方式、内容、流程等缺乏具有可操作性的规章制度和运行逻辑。

三、双院分工内容不够明确

在双院协同育人的管理模式中，学院主要负责第一课堂，以课堂教学为主阵地，进行专业知识传授、专业技能训练、专业实习指导等活动。书院则

负责第一课堂以外的第二课堂，在学校的统一管理和教师的指导下开展一切
与学生教育相关的课余理论学习、科技创新、社会实践等活动。书院通过开
展丰富多彩的第二课堂活动，提升校园文化活动品位、艺术审美修养，深化
人文科学与哲学常识，培养奉献精神和团队意识，锻炼综合分析、人际协
调、执行、创新等技能，切实发挥第二课堂服务高校立德树人根本任务和人
才培养中心工作的积极作用。如此看来，学院负责教学，书院负责育人，分
工明确，安排合理。但在具体实践中，一些高校的学院和书院在权责与功能
定位上未做出恰当的分离，导致二者在运作中出现职责冲突。由于教学管理
和学生事务管理的职责边界及运行流程没有进行科学的调整，书院和学院在
具体工作中沟通成本增加，甚至发生扯皮、推诿现象，有些业务出现"谁都
管又谁都不管"和"谁都干又谁都不干"的现象，产生问题后难以确定责
任主体，管理上出现了"真空地带"。尤其是在学生管理划归书院之后，一
些学生普遍反映缺乏对学院和专业的归属感，在学习上也缺乏与同本专业同
学交流的氛围。教学与育人是密不可分的，二者有着诸多的关联，需要相互
配合。比如在新生入学适应性教育中，关于专业认同教育的问题，既需要书
院牵头组织专题活动，又需要学院派出专业教师进行教育，书院与学院共同
发力，如此才能达到预期的效果。但由于职能划分的冲突，书院与学院可能
会相互推诿，导致功能缺位。又如面对职业生涯规划与就业指导，由于分工
不明确，学院与书院都进行相应的指导，导致功能重叠，浪费教育资源。

四、物理空间运用不够系统

在现代高校书院制模式下，学生宿舍成为高校开展思想政治教育的重要
载体，这无形间对高校学生宿舍提出了更高的要求，即要求宿舍设计更加人
性化、智能化、信息化和现代化，以满足学生社区育人的需要。在实践中，
高校也确实对宿舍进行了部分优化和改良。一些高校努力争取资金，建设全
新的学生公寓，以适应现代高校书院制改革，但这属于少数，毕竟需要用到
的人力、物力、财力较大。另一些高校则对现有学生公寓进行升级改造。在
硬件建设方面，这些高校一般将低楼层的学生宿舍搬空，重新划分空间，建
设各种功能区，但是受宿舍原来框架的影响，空间重组往往受限较多，空间
运用不充分。而且，当下大部分高校的宿舍数量都是比较紧张的，皆为刚
需，能够腾出来进行书院建设的空间较少，这就导致书院之间及书院内部各
功能室之间出现"抢地盘"的现象。书院在资源分配过程中可能出现重专业

学术交流、轻其他功能（如思想政治教育、心理育人等内容），宿舍空间运用未能系统化、科学化，影响书院育人功能的全面发挥。

五、导师作用发挥不够充分

导师制是现代高校书院制的核心，在现代高校书院制下，书院统一选聘多维导师下沉到学生社区。书院将辅导员作为常任导师，聘任专业教师作为学业导师，选任优秀高年级学生作为朋辈导师，聘任校内外专家作为通识教育导师，指导学生进行系列党建教育、学术交流、休闲娱乐等活动，促进学生个性发展，这在制度设计上是非常全面的。但从实践中我们不难发现，在大学期间实行全员导师制，实效性不强，师生互动少，多种导师流于形式，交流浅现象并没有得到明显的改善。一方面，导师制宣传工作做得不够，学生对于不同导师的角色和作用不熟。书院的导学，多半是由学生自下而上的自觉行为，即以学生个体遇到问题和矛盾时主动向相关导师请教为主，而非由书院和导师统一组织的自上而下的系统行为，这导致导学的碎片化，不利于长远发展。另一方面，在导师管理上，没有构建科学的导师发展和管理育人机制，未形成明确的成文的管理规定，同时也缺乏激励和监督手段，指导工作仅停留在"任务布置了""导师分配了""学生知晓了"的状态，并未形成常态化、制度化的管理模式。导师对于具体的指导内容和方式不甚了解，学生缺乏互动交流的内在需求，未能有效发挥精神引领的作用。总之，这种简单配对式的导师制实效性并不强，学生对此存在抱怨情绪，导师觉得指导工作力不从心。

六、学生组织建设不够完善

"学生社团一直是高校加强校园文化建设、提升学生综合素质、促进学生成长成才的重要阵地。"[1] 在书院制背景下的双院协同育人模式中，学生社团的育人作用愈发受到高校的重视。书院学生组织管理是书院学生自治管理工作的重要组成部分。书院制的实施给传统的学生组织管理模式带来了新的变化和挑战，传统的学生社团和组织管理模式不能完全适应书院改革的需

---

① 胡业宇. 书院制模式下学生社团管理的问题与对策：以南京审计大学为例 [J]. 高教学刊，2020 (27)：162.

要。学院制下，学生社团管理被动地挂靠在校团委的管理之下，社团类型和运行模式基本形成定式，或以学院传统延续下去。而在书院制下，学生社团管理的直接主体、类型结构发生了变化，学生社团的育人功能显得尤为重要，因此要求书院的学生组织管理要更具有主动性、创新性，要注重把学生组织发展嵌入书院的人才培养和文化培育当中去。例如，不同学科交叉培养的书院制下，如何打造不同学生都能发挥专业特长、优势互补的学生组织和社团已成为完善书院学生社团管理中亟须解决的问题。通过实践我们发现，目前书院的学生组织管理不尽完善，育人作用不足。具体表现在社团管理制度不健全、教师指导作用不佳、成员组成不均衡、社团干部换届不规范、社团凝聚力不强、社团活动不精几个方面。例如，一些社团负责人忽视社团宗旨，不清楚为什么做、要怎么做，社团干部换届标准不明确、程序不民主，社团内部出现"小团体"，这些现象都会影响社团育人作用的发挥。一些书院学生组织的学生干部培训锻炼得不够，活动组织力较为欠缺。例如，由于不同学院、不同专业、不同班级的排课都不尽相同，因而书院运用课余时间进行跨专业的书院活动受客观原因影响较难统筹。为了活动的顺利开展，学生组织往往只能选择全校不做统一排课的空闲时间，包括周末。对于部分较少学生主动参与的书院活动，管理者甚至直接把参与人数分配到具体学院和专业，使自觉探索变成强行参加。如此，部分学生对书院的认同度大打折扣，对书院产生不满和抗拒，不愿意参加书院活动，长此以往形成恶性循环。书院建立学生自治组织的初衷是运用学生社区进行立德树人，但由于社区学生组织管理能力未能适应书院改革的步伐，综合自治能力较弱，导致学生参与书院活动的积极性不高，书院学生组织独特的育人优势难以彰显。

七、信息化技术保障不到位

在高校"一站式"学生社区改革背景下，协同育人支撑体系缺乏信息化技术平台应用，高校提高管理服务水平的重要途径之一就是提高信息化水平和协同育人效率。一些高校的部门之间、书院与学院之间"数据孤岛"现象仍然存在，学生的基本信息、学习情况、考勤情况、学科竞赛情况、考证考研需求、评奖评优等应该有统一管理的系统，使得书院与专业学院的数据实现共享，保证育人导师与学业导师掌握的信息一致、同步，线上线下"一站式"服务到位。当前，如何建立书院与学院共享的大数据平台也是亟须解决的问题。各高校应充分利用技术赋能，加强学生社区信息化建设，将数字物联网、云计算、大数据分析、5G 网络等运用到高校智慧校园的建设中。"一站式"学生社区线上系统应该是校园学生综合管理服务平台的一部分,与党团建设、第二课堂、"三全育人"、学生就业等重点工作统筹设计实施。"一站式"学生社区线上系统应具备四方面的功能:首先是存储功能,要建立完善的数据库,一站式储存学生信息,涵盖学生档案、学业水平、身心健康等;其次是管理功能,精细学生服务管理,涵盖党团建设、教学服务、社团管理、活动管理、资助管理、自助缴费、生活服务等,成为学生办事的重要平台,让"一网通办"成为可能;再其次是分析功能,实现学生精准分析,涵盖整体画像、阶段性画像、群体分析等,为平台建设不断升级改进提供依据;最后是交流功能,针对学生对网络的极度依赖情形,校园网络需要有舒适的交流空间,为学生学习生活交流、抒发感想提供平台,同时平台应具备通畅的反馈渠道,方便学生提出问题,也方便学校相关部门在第一时间答疑解惑。

第四节 建设路径

一、科学的运行机制

双院协同育人需要学院和书院之间建立有效的沟通、协调和合作机制,建立多元协同的联席会议制度,明确组织架构、权责关系、沟通渠道和工作流程,以确保双方能够顺畅地协作,共同推进学生社区的建设。在顶层设计过程中,要充分考虑书院和学院所代表的相关主体的利益关系,并在平衡相关主体利益关系的基础上建立常态化多元协同的联席会议制度,通过定期召开由书院、学院代表参与的联席会议,及时快速解决双院协同育人过程中的问题,提高双院协同育人运转机制的实效。在落实"一站式"学生社区综合管理模式的建设中,要有科学的制度作为支撑,建立和完善领导机制、党团一体机制、管理服务机制、奖励激励机制等,保障社区育人新模式的实施。在领导机制方面,要构建以党委统一领导、党政齐抓共管的组织领导机制,促进党政部门、各职能部门与院系的有效联动;在党团一体机制方面,为弥补学生党员人数不足的短板,要挖掘基层团组织的力量,以党建带团建,推进党团一体化发展,挖掘入党积极分子和广大团员的力量,带动广大青年;在管理服务机制方面,要建立院系与社区的协同育人制度,定期召开联席会、研讨会,保障有效联动,共同做好学生管理工作;在奖励激励机制方面，要把社区建设工作纳入学校工作考核、人员绩效考核等考核体系，保障社区育人队伍稳定发展，同时将学生在社区的表现纳入第二课堂成绩单及综合考评体系，作为评优评先、推优入党、升本推荐等的重要参考依据，推动学生主动参与社区工作。"一站式"学生社区建设需要不断探索建立兼顾学院与书院协同育人积极性的科学评价机制，改善目前学院与书院存在的隐性竞争现状，实现双院协同育人成效的不断提升。

二、共同的育人理念

习近平总书记在全国高校思想政治工作会议上指出："办好我国高等教育，必须坚持党的领导，牢牢掌握党对高校工作的领导权，使高校成为坚持党的领导的坚强阵地。"因此，在高校协同育人理念凝聚过程中，要充分发挥党建引领的作用，共同构建协同育人氛围。

在双院协同育人过程中，高校需要不断完善顶层设计，形成共同的文化和价值认同，以确保双方能够深入融合，共同营造有利于学生全面发展的教育环境，使得书院制改革的理念及多元协同合作理念在更大程度与范围上被广泛认可和接受。教师层面，影响学院与书院协同育人的关键在于育人主体的共同育人理念。教师应具备相应的素质和能力，包括良好的沟通能力、组织协调能力、教育教学能力和创新能力等。另外，教师还需要通过大量研讨、专题学习等方式，进一步加强教师对于书院制协同育人理解的深度与广度，从思想上转变对于书院制协同育人的偏见，改变原有的抵触情绪，积极加入书院制协同育人实践中。在学生层面，在党建引领下，高校的党政力量、组织力量、服务力量等全部下沉至学生社区，通过形式多样的党建主题活动，加强与学生层面的沟通交流，全员发挥协同育人的功能，在寓教于乐中不断加强学生的身份认同，凝聚学生对于书院制协同育人的共识。

同时，要借鉴古代书院以人为本的教育传统，以高校学生、教师及管理者三个主体的内在需求为出发点，充分激发师生及教育管理者的内动力和积极性。教师及管理者是双院协同育人的执行者，而学生是双院协同育人的直接受益者，书院内学生专业不一致、学生想法各异，他们的需求和参与度直接体现协同育人的效果。因此，要在日常教学管理中畅通学生与书院、学院的沟通渠道，构建师生亲密联系，将学生的个人需求、社会需求与国家需求相结合，引导学生参与校园文化建设与日常管理，培养学生善思明辨、注重知行合一的精神品质。

三、特色的书院文化

高校肩负着立德树人的根本任务，是帮助青年学生坚定理想信念、树立正确价值观念的重要阵地。精神文化蕴含着当代大学生所亟须补充的政治信仰、人民立场、意志品质、礼仪修养等精神之钙，是铸牢大学生理想信念、树立正确的价值理念不可或缺的精神资源。为充分发挥传统文化的育人功效，高校可以从思政角度丰富育人内容，这也为书院思政教育工作提供了必要的借鉴。结合中华民族优秀传统文化和地方特色文化，书院应当逐步构建起红色文化、绿色文化、学校文化、书院文化、学院学科文化为一体的文化育人体系，对学生进行全方位文化浸润。一方面，要构建校园文化育人的住宿园区和学院的育人园地，以加强文化认同，在学院和书院建设文化陈列室，悬挂匾牌和楹联，设计独特的文化标识系统，并将其作为传承中华优秀传统文化、加强书院认同感和学院专业凝聚力的重要载体，促进学生全面发展。另一方面，要打造书院特色。一是通过举办类别多元、专业特色鲜明、品牌效应突出、参与覆盖面广的学生活动，高度凝练和整合书院各共建单位的资源，构建立足书院特色的素质教育工作长效机制。二是开展"一院一品"职业生涯发展特色活动，创建"一书院、一特色"项目，对学生实施思想品德教育、行为养成教育、创新创业、学习支持与发展等教育活动，使社区成为思维碰撞平台、文化滋养空间和智慧集成场所。

四、先进的网络信息化技术

信息化平台建设是书院制改革的重要技术支撑。首先，信息化技术平台可以提供更加便捷、高效的交流和协作方式，有助于促进学院和书院之间的信息共享和沟通。缺乏这样的平台，可能会使得信息传递不及时、不准确，影响协同工作的效率和质量。其次，信息化技术平台可以提供各种在线工具和服务，如在线课程、在线研讨、在线评估等，有助于促进教育教学的改革和创新。缺乏这样的平台，可能会限制教育教学改革的思路和手段，影响协同育人的效果。此外，信息化技术平台还可以提供更加全面、准确的数据分析和决策支持功能，有助于提升协同育人的科学性和针对性。缺乏这样的平台，可能会使得数据分析不充分、决策支持不足，影响协同育人的决策和执行效果。因此，学院需整合相关显性课程资源，依托"一站式"学生社区平台，构建形成马克思主义理论学科、哲学社会学科和自然学科相互补充的第一课堂育人体系。同时，书院作为第二课堂建设的主要载体，需整合思政力量、党团力量、组织力量、服务力量等多种育人力量，结合爱国主义教育、劳动实践教育、志愿服务等实践平台资源，连同学院第一课堂育人体系，将"一站式"学生社区建设成为集教育性、知识性与服务性为一体的线上线下全方位育人平台，深化"一站式"学生社区平台的育人功能。构建统一的信息化技术平台，可以提供各种在线工具和服务，提供数据分析和决策支持功能，这将促进信息共享、交流和协作，进一步提升学院与书院协同育人的效率和效果。同时，学院与书院还需要加强人员培训和技术支持，以确保信息化技术平台的稳定运行和有效应用。

五、完善的软硬件保障

现代高校书院制建设以学生社区为基础，学生社区以学生宿舍为载体。因此，现代高校书院制育人作用的发挥离不开社区、宿舍的硬件重铸和软件完善，要重点做好环境设计、空间分配、活动设计三件大事。

一是要盘活物理空间存量资源，做好宿舍环境设计。在确保安全性的前提下，兼顾空间设计的实用性和审美性，鼓励构建不同风格、各具特色的符合当代大学生审美的现代化的宿舍社区和书院群，提升学生的幸福感，增强参与度，提升阵地育人功能。通过物理空间功能升级，高校可因地制宜地将学生社区打造成师生共处常态化、长效化成长空间。

二是要做好空间分配。一方面要科学扩充物理空间，增量资源，优化社区空间布局。通过对宿舍进行多功能改造，同步推进社区宿舍楼车库、开水房等周边功能空间的软硬件设施改造，实现功能空间的整体化、系统化布局，不断完善各类功能室设计，夯实育人阵地。另一方面，其他空间的安排应坚持学生全面发展与个性发展相结合的原则，既要面面俱到，又要兼顾学生的个性发展需要，把社区空间合理分配到各功能室。

三是科学设计书院活动。一方面，书院活动覆盖面要广，应该涵盖思想政治教育、学术交流、体育运动、文化艺术、劳动教育各个方面。另一方面，书院活动应坚持理论教育与实践教育相结合的原则，既要提升学生的理论基础，又要注重学生实操能力、动手能力的训练。

因此，在"一站式"学生社区建设中实现双院协同育人需要综合考虑以上因素，并采取有效的措施来克服不利因素的影响，加强有利因素的利用，以推动双院协同育人的深入发展。

第五节 江苏大学实践：二元主体协同育人体系

随着高校书院制改革的推进，书院发展迅速且在人才培养中的功能、价值日益凸显，高校传统的学院制一元育人模式逐渐被打破，书院和学院二元主体协同育人的格局正在形成。在此背景下，江苏大学深入学习贯彻习近平总书记关于教育的重要论述，牢记为党育人、为国育才使命，以深化本科生书院制改革为抓手，建立书院与学院协同育人模式，充分发挥书院和学院两个主体的育人功能，实现双院分工明确、优势互补，将"三全育人"贯穿"一站式"学生社区建设全过程和各环节，积极探索构建富有江苏大学特色的"全师育人、全程培养、全校协同"的"全员、全过程、全方位"立体育人场域，培养德智体美劳全面发展的时代新人。

一、江苏大学双院协同育人理念

江苏大学围绕培养什么人、怎样培养人、为谁培养人这些问题，以党的政治建设为统领，把坚持正确的政治方向贯穿于"一站式"学生社区建设的全过程、各方面，遵循思想政治工作规律、教书育人规律和学生成长规律，增强学生社区党建和思想政治工作的亲和力、实效性。学校以教育部《"一站式"学生社区综合管理模式建设试点工作指南》为基础，深化教育培养模式、管理服务体制、双院协同育人体系、支撑保障机制改革，充分发挥书院和学院协同育人的合力，将学生社区建设成为以服务学生在课堂学习之外的成长成才为目标、以共同价值观念为连接的学生教育生活成长共同体。

江苏大学"一站式"学生社区建设在推进过程中初步形成"12345"双院协同育人工作理念：大力推动学生社区综合管理模式建设，围绕"为党育人、为国育才"的1个育人目标，深入落实立德树人根本任务，回归教育本心；坚持遵循高等教育基本规律和大学生成长成才2个规律，协同培养综合型创新型全面发展的高素质人才；注重3个协同的育人思路，即学院与书院的协同，学业导师与辅导员等育人力量的协同，以及第一课堂和第二课堂的协同，实现全员全过程全方位育人；不断完善4个育人功能，包括党建思政工作的引领功能、不同专业年级的跨界交流功能、特色书院文化的浸润功能和育人力量深入一线的引导功能，切实提升双院协同育人的教育效果；强化硬件保障、心理育人保障、信息技术保障、管理保障和服务保障等5个保障，打造双院协同的育人生态和多维度育人系统，把"三全育人"工作落到实处。

结合江苏大学实际，全校学生公寓划分为十大书院，建立十大育人中心，推进管理体制改革，建立大学生党工委，重点实施"党建引领、管理协同、队伍进驻、服务下沉、文化浸润、自我治理"6个方面工作。在学生社区建立健全党团组织，根据每个社区规模配齐配强辅导员和社区工作人员，加强特色社区建设，充分挖掘学生社区育人功能，通过机构融通、机制融通、队伍融通、对象融通、保障融通，统筹推动思政力量全面下沉学生一线，育人活动全面下沉学生社区。充分落实学院与书院育人工作联动融合，优化双院制教育工作体系，创新工作理念和方法，将"1+1>2"联动融合理念融入"一站式"学生社区协同育人中，为学生成长成才搭建平台。促使校院领导力量、管理力量、思政力量、服务力量充分压实到学生一线，有效同向同行，在党委领导、队伍入驻、学生参与、条件保障等方面创新工作机制和举措，构建符合江苏大学实际情况的"12345"双院协同育人的工作思路，形成可推广、可复制的江苏大学"一站式"学生社区综合管理建设经验模式。

二、江苏大学双院协同育人实践

书院制已成为新时代本科教育教学模式变革的重要路径，书院和学院双院协同育人为高校学生教育管理工作带来了新的选择和方向，为提升人才培养质量提供了新的载体和动力。立足新时代，江苏大学主要从书院和学院的1个育人目标、2个育人规律、3个协同育人思路、4个育人功能、5个保障等方面着手，打造双院协同育人"共同体"，提升双院协同育人的实效性。

（一）强化顶层设计，坚定育人目标

1. 完善组织架构

成立江苏大学"一站式"学生社区综合管理模式改革领导小组，由学校主要领导担任组长，其他校领导和党委常委为成员，统筹指挥学生社区综合管理模式建设。领导小组下设办公室，挂靠党委学工部（处）。校党委书记、校长履行"一站式"学生社区工作第一责任人职责，各成员强化工作职责，将书院建设各项工作落细落实。依托现有学生社区物理空间划分建设十大书院，成立学生社区党工委，并根据每个书院入住学生规模，配备管理队伍，包括党团干部、辅导员等。设立书院团委，全面负责书院团组织的建设工

作。学生会组织和学生社团全面进驻书院。每个书院根据入住学生特点，打造书院建设理念和特色亮点。

2. 明确职能划分

改革学生教育管理体系，增强学生社区党建和思想政治教育等职能。书院主要负责全日制中国籍本科生和研究生的学生工作，包括学生日常思想政治教育、学生党团建设、学生奖惩、学生资助、就业指导与生涯规划、心理健康教育、学生日常管理、学生会组织和学生社团建设、学生书院文化建设等。学院主要负责学科建设和专业发展，专注于专业教学和科研工作，抓好学生学业管理、招生、就业、课程育人、科研育人和非全日制学生教育管理等工作。学院和书院在人才培养方面相辅相成，共同承担学生的教育管理及服务职责。

3. 明确育人目标

双院协同育人模式改革应围绕"为党育人、为国育才"的目标，全面贯彻党的教育方针，落实立德树人根本任务，回归教育初心，秉持"以学生为本"的理念，紧跟时代步伐，充分发挥学院和书院各自的育人效能和育人合力，全面提高人才培养质量，培养符合新时代需求的复合型、创新型、应用型高素质人才。

（二）遵循教育规律，实现创新发展

坚持遵循教育发展和成长成才规律。高等教育应适应经济社会发展需要，培养不同类型、不同层次的人才，高校应根据不同类型明确自己的办学定位和人才培养规格。江苏大学在双院协同育人模式改革推进过程中，坚持契合办学定位和人才培养目标，遵循教育教学规律，努力培养厚基础、宽口径、强能力的综合型创新型高素质人才。江苏大学的双院协同育人模式切实发挥了课堂教学育人主渠道作用。本科生和研究生的课程思政、教学培养（包括专业实践、规培、教师资格认定等）、学术科研、创新创业等分别由教务处、研究生院负责开展。教务处负责学业导师的聘任、管理和考核等工作，推进学业导师进社区，构建教育教学、学业规划、科研创新等相融合的一体化指导体系。研究生院负责研究生导师的聘任、管理和考核工作，推动研究生导师进社区，落实研究生导师作为研究生培养第一责任人的要求，加强对研究生的指导和管理。在江苏大学双院协同育人模式中，不同学科、不同年级、不同背景的学生混合入住书院社区，通过文理交融、专业互补、思想碰撞、个性彰显和文化熏陶，双院协同开展各类活动，使学生具备跨专业视野，而且学生的人际交往能力、思维创新意识及综合素质均得到提升。江苏大学双院协同育人模式坚持遵循因材施教、兴趣驱动、激发好奇、彰显个性的成长成才规律，注重专业教育、通识教育、社会实践、第二课堂活动的有效性。学院和书院以"科研管理育人、科研活动育人、科研评价育人"为着力点，强化导师进入社区后的引领培育职责，让导师在学生身边发挥科研育人功能，把思想价值引领贯穿于科学研究全过程。健全科技工作道德行为规范和学术诚信教育管理体系，强化创新平台与团队建设，开展名师科普宣讲和科研基地科普活动，激发师生科研活力，开展各类导学、促研活动，加强科研创新指导，培养学生良好的科学精神和科研习惯，提升本科生参与科研项目的比例，不断提升学生的综合素养和能力，是当前江苏大学双院协同育人工作需要进一步推进的方向。

（三）强化协同引领，推动力量下沉

1. 做好书院和学院的组织协同

① 实施党建进书院制度。推进党建进书院，锻造一批坚强有力的书院基层党组织，优化创新书院基层党支部设置，推进党的组织和工作全覆盖。抓好书院党组织班子建设、抓牢支部建设、抓紧党员教育，全面开展书院党建工作，夯实书院党支部战斗堡垒作用。学院协助书院制定完善党员责任宿舍网格化管理、党支部帮扶、结对共建等工作体系，建设并发挥书院党建思政园地、党员示范岗的特色平台作用，发挥基层党建作用，引领学生听党话、跟党走。

② 实施团建进书院制度。在书院设置二级团组织、团支部、团小组等，学院协同书院选配优秀党团干部，规范开展"三会两制一课"、团员发展、团组织关系转接、团费收缴等工作；在书院建立二级学生会组织，履行代表和服务青年、团结和凝聚青年的职责；加强书院阵地建设，着力打造"青年身边的共青团"。

③ 健全领导干部联系书院制度。建立书院党支部工作联系点制度，学校、部处、院系领导干部带头践行"一线规则"，到所联系的党支部参加组织生活或主题党日活动，常态化深入书院，及时解决涉及学生思想、学习、生活、发展等方面的实际问题。

2. 做好学业导师与辅导员等育人力量协同

推动辅导员全体进驻书院。每个书院按照 1∶200 师生比配齐辅导员，设立书院办公场所，全体书院工作人员（包括党团干部、辅导员等）入驻书院，做到全员覆盖、全时保障，与学生零距离交流，落实经常性谈心谈话制度，第一时间发现苗头性问题，全面把握共性问题，精准研判个性问题，有效化解处置涉稳事件。"双导师制"是双院协同育人发挥好成效的桥梁和纽带，能够发挥好书院育人机制的运营者、育人资源的链接者、育人空间的管理者的作用，共同促进学生的全面发展和成长成才。

3. 做好第一课堂和第二课堂协同

第一课堂与第二课堂有效协同是书院制育人模式改革成功的关键。"第二课堂是学生素质教育的重要载体，是高等院校育人的重要渠道，是大学生丰富实践经验的主要阵地。"① 为创新书院实践育人模式，一方面，书院和学院可协同组织动员学生开展普及化、常态化的社会实践和志愿服务，深入基层探民情，走出国门看世界，参与力所能及的志愿服务工作，承担责任，奉献社会，形成立体化育人格局。另一方面，书院和学院可协同建立劳动教育指导中心。劳动教育指导中心的工作任务主要覆盖三个方面：一是结合学科和专业特点，推动学生参与书院劳动实践，养成日常生活劳动习惯，提高劳动自立自强能力；二是组织各学院制定劳动教育课程方案，对学年、学期劳动实践活动做出具体安排；三是挖掘书院劳动教育资源，开展富有学校风格特点的劳动教育，增强学生劳动意识。

（四）完善四项功能，提升育人成效

1. 发挥党建及思政工作的引领功能

江苏大学在双院协同育人过程中不断优化书院党团组织设计，学生基层党组织由学院转移到书院，学生党支部建在了学生社区。党团组织建在学生身边，便于学生参与社区管理，便于学生思想得到浸润，进一步拉近了党团组织与学生之间的距离。书院党组织紧紧围绕立德树人根本任务，以政治引领为主导，以社会主义核心价值观教育为核心，以主题教育活动为载体，协同学院力量深入开展高质量党支部活动，发挥学院党团干部的先锋模范作用，打造书院育人生态和多维度育人系统，把"三全育人"落到实处。

2. 提升双院跨界交流功能

在"一站式"学生社区建设背景下，江苏大学实行全员书院制模式，各个书院存在不同年级、不同专业学生混住的情况。学院和书院建立良好的跨界沟通交流机制，实现不同年级、不同专业学生一起生活、共同成长，通过专业的交流、文化的融合、思想的碰撞，促进学生沟通表达能力、人际交往能力、跨学科知识视野、融合创新能力等方面的提升。书院通过开展各类文体活动、孵化精品社团、强化学生组织等方式，为学生搭建交流平台、提供

---

① 彭巧胤，谢相勋. 再论第二课堂与第一课堂的关系 [J]. 学校党建与思想教育，2011 (14)：45.

交流机会，促进书院学生之间跨年级、跨专业交流，不断拓宽学生的知识视野，培植融合创新的文化土壤，最终实现学生自由全面的发展。

3. 做好书院文化育人浸润功能

建设宜居宜学的书院文化，创造性转化文化资源，以加强书院文化的凝聚力和感染力为切入点，开展书院主题教育和校园文化建设活动。

大力开展书院文化建设，弘扬社会主义核心价值观，传播中华优秀传统文化、革命文化和社会主义先进文化；加强农机文化建设，推进知农爱农教育进书院。加强书院楼宇文化、宿舍楼内走廊文化建设，培育建设"党员示范寝室""文明宿舍""百佳宿舍"，开展"安全文明建设月"主题宣传、宿舍文化节、优秀宿舍风采展示、"明星寝室长"遴选等活动，发挥学生党员在社区建设中的先锋模范作用，实现理想信念"浸润式"教育，引导和鼓励学生激扬青春、报国奉献。打造书院文化视觉识别系统，充分利用专题网站、校园广播、校报专栏等宣传阵地，重视发挥微博、微信等新媒体作用，大力宣传学生书院建设过程中的进展和成效，建设与江苏大学校园文化相统一、具有江苏大学特色的书院文化视觉识别系统，营造书院文化育人的良好氛围。深化书院思想政治工作内涵，创新工作路径，促进学生养成良好的行为习惯并树立健康的生活理念。建立大学生活动中心，做好大学生艺术团建设，积极开展具有时代特征、内涵丰富、品位高雅、形式多样的第二课堂美育实践活动，提高学生审美和人文素养。学生社团入驻书院，聚焦培养学生兴趣特长，定期举办学生参与面广、主题积极向上、内容丰富多彩的学生社团活动，扩大普通学生参与实践活动的覆盖面和受惠面，促进青年学生德智体美劳全面发展。

4. 发挥育人力量下沉书院的引导功能

学院和书院协同育人，引导思政力量下沉一线，打通了大学生思想政治工作的"最后一公里"。首先，实行辅导员入驻书院办公制度，实现辅导员和学生"零距离"同吃同住，可以第一时间了解学生的情感、心理、认知、学习、困惑等状况，及时通过谈心、交流、体验等形式，启发、激活、唤醒学生的自信，点燃学生的理想之光，传递乐观向上的正能量。其次，引导学业导师深入书院开展学业辅导和学习交流活动，为学生指导学业发展与规划，发挥"耳濡目染"的"从游"文化作用。

（五）强化各方保障，助力双院协同发展

1. 做好育人软硬件保障

双院协同育人模式改革应充分调动学校各职能部门参与的积极性，使各方面资源向书院倾斜，将各类优质资源汇聚社区，在顶层设计、政策支撑、基础设施、网络平台等方面予以大力支持，不断完善书院功能空间、配齐各类软硬件设施、美化书院楼宇内部环境、打造书院庭院文化、优化管理服务流程，保障书院成为学生全面发展的温馨家园。

2. 做好心理育人服务保障

① 加强书院心理健康教育中心建设。依托现有大学生心理健康教育中心设置在社区的优势，进一步加强心理健康教育配套设施建设，按照1∶3000 的师生比配齐配强心理健康教育专职教师，为学生提供全面、即时、高质量的心理健康服务。② 打造"全通道"心理健康服务体系。坚持育心与育德相结合，加强人文关怀和心理疏导，深入实施"塑心""润心""健心""暖心""安心""护心""舒心""强心"八大工程，着力培育学生自尊自信、理性平和、积极向上的健康心态。③ 立足书院，协同学院，开展各类心理健康教育活动，满足学生个性化需求，促进学生成长发展意识和能力的双提升。

3. 优化智慧育人平台信息保障

① 优化社区网络资源管理。强化网络意识，提高建网、用网、管网能力，丰富网络内容，加强网络文明素养教育。② 构建智慧校园体系，实现各单位师生信息库的对接与共享，完善协同办公平台，推动网络和教育融合发展，统筹丰富网络教育资源，打造智慧型社区学习环境与智能化教育平台。③ 搭建"学生成长数据平台"，建设"德智体美劳"综合育人评价体系，记录学生在学院及书院学习、生活、活动的相关数据信息，最终一键生成学生成长发展数据报告，实现一键画像、过程记录、趋势预警、智能推荐、科学评价等功能。④ 建设书院刷脸门禁系统，实现分楼栋单独设置。学校将学生事务相关部门集中整合，成立"大厅式、一站制、专业化"的"一站式"学生事务与发展中心，积极推动窗口服务平台、网上服务平台、自助服务平台"三位一体"融合发展，实现"一站办结、一网通办、一键办理"，在教学区、学生社区建成 24 小时自助服务区，形成社区"一公里生活圈"，构造集价值引领、成长助力、资源整合于一体的数字化育人工作矩阵。

4. 加强书院管理育人保障

强化科学管理对道德涵育的保障功能。① 建立科学完善的管理制度体系，使书院管理的行为有据可依。将管理育人与部门效能建设相结合，积极创新管理方式方法，完善内部管理机制，加强作风建设，不断提高管理水平，全力促进学生健康成长成才。② 优化书院管理队伍建设。优化学生书院管理队伍结构，提高书院工作准入门槛，配齐配强专兼职管理人员；完善书院管理人员聘用体系，建立管理干部、心理咨询教师、辅导员等入驻书院制度，明确职责分工，凝聚育人合力；定期开展管理人员专项培训、实践考察等活动，提升队伍的凝聚力与创造力。③ 激发学生实施自主管理下的自治模式。搭建学生参与书院管理的平台，成立大学生社区自我管理委员会，选拔优秀学生骨干担任负责人，引导学生参与社区建设，强化学生自主意识和自我管理能力，激发学生自主管理的活力。

5. 推进服务育人保障

① 加强学生事务与发展中心建设。依托现有学生事务与发展中心，推进职能部门育人力量进驻书院，进一步拓展功能，将教学教务、就业指导、资助帮扶、团学活动、安全保卫、留学指导、外语培训、信息服务、财务报销、后勤保障、留学生事务、医疗健康服务等与学生密切相关的服务工作整合进书院，在社区设置统一的办公场所，从散点式服务转变为集约式服务。② 建立书院就业指导中心。推进职业规划与就业指导进社区，提高学生职业规划和就业能力。开拓毕业生就业市场；做好毕业生的生源统计、上报、就业派遣、毕业生档案管理和转递等就业管理服务工作；更新与维护江苏大学智慧就业平台（江苏大学就业信息服务平台）、江苏大学智慧就业微信服务号。③ 优化书院物理空间格局，建设学生书院功能室。每个书院都设置一定面积的公共物理空间，包括思想政治主题教育多媒体活动室、社区党建工作室、研讨室、答疑室、谈心谈话室、心理咨询室、团体辅导室、心理宣泄室、心理测量室、职业规划与就业咨询室、就业宣讲及面试室、就业招聘大厅、会议室、舞蹈房、健身房、自习室、图书室等功能室，满足学生多元化、个性化的思想学习生活需求。④ 进一步增强服务供给能力。以楼栋为单元开展管理服务，以满足学生成长发展需要为导向，把解决实际问题与解决思想问题相结合，增强供给能力，提供靶向服务，落实服务保障，构建"线上线下、虚实一体、互为支撑、互为补充"的书院服务体系，促进公共服务便捷化、高效化，切实提升书院服务质量和水平。

（六）构建协同育人机制，形成学院与书院"双循环"

1. 完善双院沟通机制

完善学院与书院联络沟通、协同保障机制，实施书院联席会议制度及学院领导列席书院院务会制度。坚持双院优势互补的发展格局，强化育人渠道，加强书院与学院的沟通与联系，结合学生学业引领和专业素养培养等方面，分析研判，推动学生学业正向发展，形成双院联动的强大合力。加强双院的深度合作与良性竞争，为双院协同育人机制提供不竭动力。

2. 推进双院联动机制

为充分发挥"1+1>2"的能动性，聚焦人才培养，拓宽育人途径，书院注重完善组织架构，各学院思政力量、学术带头人、优秀学业导师等入驻学生社区，加强了对学业导师工作的统筹管理，强化了对学生学业的帮扶指导。学院与书院在学生社区联合共建学业指导室、朋辈加油站等研学空间，学院教师定期进入书院指导学生，"学科+社区"有效融合，双院共同发力为学生搭建更为完善的发展平台。学院和书院坚持以开放包容的心态积极探索，建立第一课堂与第二课堂的联结和纽带，让二者既"各显神通"又"唇齿相依"，推动专业教育与通识教育的有机结合和双向对接。学院与书院从课程、项目、活动入手，加强双院间的深度合作和良性竞争，挖掘"书院+学院"多维度的合作可能性，舒展各组合体的无限张力。此外，学校切实为学院与书院搭建沟通、展示平台，开展统筹项目合作、专项评比等工作，让双院协同在合作竞争中"提质升级"。为提升书院育人内涵、展现书院育人成果，江苏大学以年度为单位开展书院（社区）建设工作评价，以评促改，在竞争机制中共促双院更为紧密地结合，促进双院在协同育人上持续发力。

3. 创新导师育人机制

书院优化导师配备结构，构建"校内+校外"导师联动体系。书院内配备朋辈导师、学业导师、生活导师、社区安全导师、双创导师。朋辈导师从高年级学生中遴选多位思想政治素质过硬、学习成绩优秀、工作能力强的学生担任朋辈导师，构建学生自我教育体系；结合学生专业特点，学院协同书院从思想素质、专业素养、教学技能等方面选聘学业导师，加强学生学业指导；为充分落实宿舍网格化管理体系，高效整合队伍资源，书院挑选多名辅导员担任楼层生活导师，着力解决学生生活问题，助其全面健康成长；学生社区建立"镇江市公安局京口分局江苏大学警务室"，聘任社区民警为"社区安全导师"，积极推进学生安全教育常态化，形成"校防"联动、师生共建的平安校园建设新格局；为了培养江苏大学学子的创新创业能力，了解创新创业形势，书院积极引进校内外名师专家加入双创导师团队，助力学生创业就业。

三、江苏大学双院协同育人成效

江苏大学双院协同育人工作经过探索逐渐形成了以"党建引领、通识教育、文化育人、管理服务、助困助学、心理咨询"等为主要内容的学生综合管理服务体系。十大书院在基本规章制度建设、文化建设、通识教育、学生培养等方面取得显著成效，书院和学院在协同育人中产生良好的化学反应，形成了具有自身特色的双院协同育人模式，双院制各项工作顺利进行，稳定发展。截至目前，江苏大学双院协同育人工作初步取得了如下成效。

1. 强化了师生对双院协同育人模式的认知

"学院+书院"的双院协同育人模式构建了立体的育人方式，它通过多种丰富的活动使专业、学科、大学文化实现多元共存，大幅提升了教育效果。书院除了开设通识教育课程外，还提供其他非形式教育，学生可以根据自己的特长和兴趣来选择书院，这对专业人才培养是有效的补充。双院制弥补了学院制学生同质化"聚居"的局限，不同专业、年级的学生同处一室，构建了一个多元文化的生活和交往环境，拓展了专业知识、文化信息交流的空间，增强了学生的专业归属感，加深了师生对书院制改革的认同，强化了师生对双院制协同育人模式的认知，有利于开拓大学生的思维和视野，培养创新意识和文化交往能力。江苏大学双院制培养模式以培养健全的人为育人目标，努力使得师生在双院协同育人理念与价值层面达成共识，实现全方位、深融合的协同育人局面，逐步促进学校书院制改革可持续发展。

2. 精准厘清书院和学院的定位与分工

通过双院协同育人工作实践，书院与学院逐渐明确自身在学生教育管理中的分工和职责，在"通与专""教与学""师与生"方面已形成了良好的协同育人开端。江苏大学双院制协同育人模式设定了"学科专业学院制，生活社区书院制"的组织架构，不仅对学院和书院的组织地位与关系进行了厘定，还对书院的内部组织机构和运行进行了系统设计，并通过制度创新协调书院与学院、学生管理部门在学生培养和管理方面的职能，构建起具有江苏大学特色的内部组织结构，双院协同育人目标越来越明确、合理。

3. 为协同育人工作提供了良好的载体

探索并实施协同育人新载体，主要是充分利用学院的教学、科研和导师资源，依托辅导员、学院专业教师下沉社区开展协同项目，双院制突出"共育"，让"大先生"领航"大学生"，推动全员育人力量下沉到学生一线，统筹全部育人力量，实现各方力量全员"共育"，有利于为学生提供全方位、全过程的指导与帮助，帮助学生成长成才。以此为抓手，江苏大学广挖深掘双院育人资源，带动"学院+书院"双院育人系统的协同，切实持续推进协同育人载体的有效实施，双院同频共振，在互动互融中形成双院制育人路径，可全面促进学生成长成才，进而推动学生全面发展。

4. 全面提升了社区教育功能

江苏大学根据地理和宿舍区分布，划分出具有独立公共空间的十大书院，并同步进行功能性改造和文化场景设计，营造温馨、有爱、安全的共享社区，设立活动室、书吧等多个功能分区，便于书院和学院开展相应的育人活动和实践内容，形成具有充满江苏大学特色的社区文化环境，以期通过校风校训、先进文化等充分融入书院空间载体和各类活动设计中，彰显特色和主题，体现自我个性，促进学生身心全面发展，让学生在书院文化浸润中实现学习生活成长的全景式"共享"。

第四章　走深走实学生社区的党建引领

第一节　价值意蕴

高校党建是深入推进新时代党的建设新的伟大工程的重要内容，要认真贯彻落实习近平总书记关于高校党建工作重要指示精神，切实加强和改进高校党建工作，充分发挥高校党委在深化综合改革、建设中国特色现代大学制度中的领导核心作用。高校党建要与时俱进，强化党对高校工作和教育事业的全面领导，从高校具体实际出发，坚持理论和实践相结合，以解决问题为关键，聚焦高校稳定发展改革的重大问题，探究、总结"一站式"学生社区综合管理模式建设的历史背景和形成条件，辨明其发展的规律和趋势，研究"一站式"学生社区党建引领的创新机制，落实高校立德树人根本任务。

一、全面贯彻党的教育方针的必然要求

高校"一站式"学生社区是学生平时学习和交流的互动平台，是新时代思想政治工作创新实践的重要阵地，是提升思想政治工作质量的重要载体和抓手。"'一站式'学生社区怎么建设和建成什么样"是每所高校需要思考和研讨的首要问题。"一站式"学生社区建设需要做好顶层设计，将学生社区建设工作纳入学校整体发展规划和人才培养大局，而顶层设计的出发点便是坚持党建引领。首先，通过党建引领，高校可明确"一站式"学生社区建设的目标，将党的方针、政策贯彻到"一站式"学生社区建设中，确保学生社区建设与国家教育发展和社会发展相适应；其次，高校可以推动制度建设，为"一站式"学生社区建设提供制度保障，如建立健全学生社区治理体系等；最后，还可以对"一站式"学生社区建设进行有效监督指导，及时发现问题、解决问题，确保学生社区建设顺利进行。因此，高校要以立德树人

为根本任务，提高"一站式"学生社区建设的质量和水平，需要强化党建引领效能，在顶层设计上完善"一站式"学生社区建设的宏观规划。

二、创新社区思政育人工作方式的内在要求

随着"一站式"学生社区建设的不断推进，传统以院系为主的党建工作模式开始逐渐转向以社区为主。通过党建引领，在书院制社区制度、通识教育、导师制度、全人教育等育人理念下持续探索社区党建新模式，能够明晰社区育人的发展方向，推动学校学生社区党建工作方式持续创新。高校通过打破年级、专业和师生的界限，在学生社区成立师生功能型党支部，大力推进学生社区党支部同教工党支部结对共建，着力将党建工作融入育人中心工作，把党的教育方针全面贯彻到社区建设工作的方方面面。党建引领社区育人队伍不断优化育人工作方式，牢固树立"党建+思政"的育人新理念，持续推进"校园先锋工程"，创新实施学生党建骨干"领航计划"，成立"同心同行"党员突击队和社区学生党员服务队，突出学生党员和学生骨干作用，用青年引领青年、用青年凝聚青年、用青年带动青年。以党建引领强化思政队伍建设，社区党组织不断加强以社区"思政导师、辅导员、管理人员"和"朋辈导师"等为代表的思政育人和管理队伍建设，共同推动以"社会导师、职场校友、学生家长"等为代表的校外育人力量建设，激发各类育人主体活力，引导思政育人队伍和资源要素汇聚社区，持续提升学生思想政治觉悟，不断提升思政育人效能。

三、汇聚发挥育人资源和力量的重要指导

"一站式"学生社区建设的基本要求是践行"一线规则"，推动校院领导力量、管理力量、思政力量和服务力量常态化下沉到教育管理服务学生一线，形成育人合力，助力学生健康成长、努力成才。加强党建引领可以强化"一站式"学生社区建设的队伍力量。首先，强化党建引领能够增强党员干部和教职员工的政治意识，使其自觉地践行党的路线、方针和政策，充分发挥高校党组织和广大党员的积极性、创造性，保证社区建设中高校党委决策的科学化、民主化，实现高校党委领导下育人资源整合、育人制度健全、反馈机制有效的"集中力量办社区"的有利格局。这种政治意识贯穿"一站式"学生社区建设的全过程，保证社区育人力量同步、同向、同行。其次，

强化党建引领有助于促进党员干部和各类育人力量之间的交流与合作，增强凝聚力，形成"一站式"学生社区建设的良好氛围。将党的领导和党的建设深入学生社区一线的同时，将党建落实到学生生活最基层，践行党的群众路线，可以使党组织更好地了解学生需求，更好地为学生服务。最后，强化党建引领还有助于推动党员干部和教职员工队伍建设，为"一站式"学生社区建设提供更加坚实的人才保障。因此，通过加强党建引领，可以提高"一站式"学生社区建设和管理相关师资队伍的政治意识、凝聚力、工作水平，从而更好地落实立德树人根本任务，推动"一站式"学生社区建设向更高水平发展，并持续推动形成"全员、全过程、全方位"的育人格局。

与此同时，以学生社区为载体，通过党建工作深入"一站式"学生教育、管理和服务，高校党组织可以充分发挥对学生思想教育、文化活动、学习生活的全方面引领和主导作用，不断扩大党组织的覆盖面，提升党组织的影响力。"一站式"学生社区工作的顺利开展亟须通过高校党委的引领力、凝聚力从顶层设计推动高校课程、科研、创新创业、就业指导、心理咨询等育人资源下沉到学生社区的第一线，激发学生在社区自主学习的热情，满足学生日益增长的科研、文化、心理、日常交往等需求，进一步推动学生社区育人空间优化、育人功能耦合、育人资源聚合、育人力量整合，突破"一站式"学生社区"条块分割"瓶颈。

四、深化社区育人建设和治理的内在需要

坚持党的领导，加强党的建设，是推进全面从严治党向基层延伸的重要举措，也是"一站式"学生社区建设的根本政治原则。通过强化党建引领，可以更好地发挥党组织的政治核心作用，加强对学生的政治引领和思想引导，提高学生的政治觉悟和思想认同。同时，通过强化党建引领，可以引导学生树立正确的世界观、人生观和价值观，坚定理想信念，增强爱国主义情感和社会责任感，增强集体观念和团结精神，提高学生社区的凝聚力和向心力，推动学生社区内部的团结、和谐与健康发展，培养社区学生自我管理、自我治理的意识。"一站式"学生社区建设也是推动教育治理体系和治理能力现代化的重要手段。强化党建引领还可以推动学生社区党组织的建设，筑牢党的基层战斗堡垒，使其成为学生社区党团活动开展、思想政治教育、党员发展、学生活动组织等工作的保障。

五、落实立德树人根本任务的重要路径

高校人才培养是"五育并举"的全面发展，是以"德育"为重点的综合素质提升，需重点突破长期存在的"重智育"而"轻德育"的藩篱，要将理想信念教育摆在学生成长成才的首要位置。"一站式"学生社区不仅具有居住功能的物理属性，还兼具大学生学习、生活、交往、实践的社会属性，加强学生社区的党建引领，将学生多样化的社会需求有效嵌入社区物理空间中，有利于"一站式"学生社区多重育人功能的发挥。一方面，"一站式"学生社区开启了学生集体生活交往模式，个人空间和群体空间不断重叠，客观要求学生需要学会处理"自我"与"自治"之间的关系，从而培养学生的公民意识、社会交往能力和事务处理能力，树立学生爱国、爱校的社会责任担当意识，完备学生健全的人格。另一方面，加强党建引领能够调动各类育人力量不断优化"一站式"学生社区空间建设，将学生社区建设成为学生良好生活习惯养成的重要场域，以及硬件设施完备、文化氛围凸显、管理制度完善的温暖家园，有利于促进学生自觉规划生活领域、调整行为方式、提升自理能力、培养独立意识，实现由他律向自律的浸润式转变，有助于学生文明规范的养成。通过设立"学生社区党员服务队成员公示栏""党员结对帮扶公示栏""党员服务内容公示栏"等学生社区党建文化建设栏，强化学生社区党组织的战斗堡垒作用，在学生社区营造"党员带头、朋辈引领、人人争优、互助成长"的学生党建社区文化。社区学生工作队伍与学院政工、社区物业相互辅助、相互支持、相互协同，形成了互补互通的社区工作协同体系。

从高校人才培养和大学生个人成长来看，大学生社区集中了学生生活、学习、交往、组织、实践等多重功能，兼具集体属性、群体属性和社会属性等。强化党建引领在学生社区的重要性，有利于推动学生第二课堂的重组优化，实现德育生活化，构建德智体美劳全面培养体系，促进大学生全面发展。有研究者认为，大学生社区是提升大学生社会能力的"第一社会"，是培育大学生良好习惯的"第二家庭"，是形塑大学生健全人格的"第三课堂"。①"一站式"学生社区反过来对于培育和践行社会主义核心价值观、坚定"四个自信"、弘扬大学精神又具有积极的推动作用。"一站式"学生社区建设，本质上是回应时代新人培育要求，是以立德树人为根本任务和以

---

① 杨爱华. 新时代大学生社区育人面临的挑战与优化路径 [J]. 思想教育研究，2021 (5)：154-155.

"三全育人"为实施路径开展的以人为中心的综合改革。在社区定期开展"传承红色经典，赓续红色血脉"系列主题教育活动，以观看视频、集中学习、知识竞答等形式学习党史知识、讲述革命故事，丰富的活动载体与形式拓展了学生社区党建吸引力，在守正创新中激发学生社区活力，通过释放学生的积极性、主动性、创造性，打造学生社区泛"大思政课"培育体系，在社区中形成了广大青年学生热情参与、积极响应的浓厚氛围，不断推动立德树人根本任务在社区落地落实。

第二节　当前问题

　　不断推动基层党建工作质量整体提升、坚持高质量党建引领是全国高校推行"一站式"学生社区建设的普遍共识。当前，高校紧紧围绕立德树人根本任务，扎实推进"一站式"学生社区党建工作，切实增强基层党组织的政治功能和组织功能，为培养担当民族复兴大任的时代新人提供坚强政治保证、思想保证和组织保证，但"一站式"学生社区建设中党建引领的统筹规划、组织建设及育人效能方面仍呈现出一系列问题，主要表现在以下几个方面。

一、统筹规划有待完善

1. 制度体系设计不成熟

　　"一站式"学生社区的党建引领工作，需要高校党委统筹规划并围绕完善机制、建强组织、充实队伍、践行担当、强化保障等各个方面进行改革。高校将"一站式"学生社区作为开展党建工作的关键载体，需要充分发挥党建的政治引领、思想引领、组织引领、制度引领作用。学校党委要提前制定包括"一站式"学生社区建设中党建工作分工、考核评估等内容的政策规定，为党建引领"一站式"学生社区建设提供政策保障。同时，高校要建强育人队伍，真正做到全身心地下沉到学生社区一线，注重文化浸润，弘扬党建思政主旋律。从现实情况看，高校现有的党建资源主要依托于传统的学院建制，建设空间和引领形式多围绕专业设置。随着近年全国"一站式"学生社区综合管理模式建设试点工作的开展，教育部要求将高校育人资源下沉到社区一线，改变以往以管理为主的育人模式，多功能拓展学生社区向教育、管理、服务全方位转型。一些高校虽然已经认识到"一站式"学生社区建设中党建引领的价值内涵，但尚未结合学校实际明确建设方略和实施路径，有的高校学生社区建设尚处于以硬件建设为主的阶段，有的学生社区则停留在"临时性""盆景式"的工作阶段，缺乏整体性、系统性思维。

2. 资源配置不均衡

学生社区党建引领功能优化面临现实制约。目前，不少高校在"一站式"学生社区建设中面临社区现实环境、软硬件条件、资金等的制约，而党建引领所需的空间载体，如思政园地、党建工作室、党员先锋岗等，不少高校已在传统模式下基于院系进行资源规划和配置，现有的学生社区党建硬件设施普遍匮乏或分配不均。一些高校存在住宿资源紧张、基础设施薄弱的问题，这成为学生社区党建引领发展的一大掣肘。而一些高校在硬件设施方面较为优越，亟待填补的则是学生社区党建文化内涵的相对空白或特色的缺乏。总的来说，学生社区公共空间和目前高校传统党建硬件设施数量上的不充分、分布上的不均衡、功能上的不适配，以及管理成本较高、管理效能较低、利用率不高等问题，都是学生社区党建引领效能提升需着力破解的难题。同时，线下依然是社区党建引领的主要方式，线上互联网信息技术的应用尚未得到应有的重视，高校大数据、云计算、人工智能等信息技术的使用只停留在满足学生足不出户就可办理学生基本事务的浅层次需要，而对于党建引领的高层次、高质量的服务和需求尚未建立有力支撑，亟须高校利用大数据提供精准的网络思政服务，针对党建引领进行及时跟踪并提出前瞻性反馈，整合线上和线下社区党建资源，提升党建引领育人效能。

3. 双院协同机制存在壁垒

"社区—院系"党建双院协同机制效果不佳。以往学生党建工作主体是院系党组织，现实工作中学院和社区党建工作权责关系不明确，学生社区党支部作为新型党组织在"利益博弈"时常常陷入失语境地，失去了社区党建工作的阵地优势、组织优势和活动优势。这不利于对入党积极分子、学生党员发展对象和正式党员的全方面培养、考核与监督，学生党员考核指标"重智育轻德育"的格局很难改变。在学生社区治理机制方面，一些高校学生社区管理主体还相对单一，部分高校学生社区虽然引入了多元主体共同管理，但多元主体对于"一站式"学生社区建设的认知程度、认同程度并不相同，尚未充分形成共识。不同主体在协同管理和治理效能提升方面还存在不少难点，协同育人体系有待完善，比如各职能部门之间，以及职能部门与书院、院系跨条线、跨组织的沟通协同还有待提升。社区党建工作是"一站式"学生社区综合管理模式改革的先锋岗，传统高校党建工作主要以院系党支部为主，"一站式"学生社区党建工作需要突破传统的"条块分割"管理模式，将院系党建与社区党建有机融合，厘清它们之间的逻辑关系，提高社区党组织的生活引领力。

二、组织建设有待加强

1. 理念共识不足

一般来说，各院校党委高度认同党建引领在"一站式"学生社区综合管理模式改革中的领航地位，但"一站式"学生社区建设最显著的特征就是建设内容多样化、多元化，需要把党建引领与学生成长成才所需的各项事务融合。但从当前综合改革实际可以看到，许多高校各级部门、院系、基层党组织等对学生社区建设的理念还未达成深度共识，它们仍然停留在固化的传统思维中，对党建引领下所有力量下沉至学生社区一线的政治站位不够高，对践行院校党委"一站式"学生社区建设的部署执行力不够强。一些高校社区行政管理人员、一线教师等尚未充分认识到"一站式"学生社区建设的必要性和重要性，社区功能的多向拓展即社区从学生管理向学生教育、管理、服务综合场域的转变尚未引起他们的充分重视。高校辅导员进驻学生社区后，由于人手配备不足，学生日常事务管理工作往往超出他们的负荷，于是他们的工作内容不得不以学生管理为主，思想政治教育和服务方面压缩明显。学生社区后勤保障队伍因自身综合素质和能力的缺陷，缺少基层党组织建设和学生管理经验，党建引领的落实能力与现实要求供需不匹配。教师主要承担第一课堂教学任务，长时间以来，课堂是他们的主要育人阵地，虽然随着"三全育人"理念的不断深入，专任教师将一部分精力慢慢投身于课外教学之中，但其育人场所主要集中在办公楼、实验室、研讨室等，教师探索学生社区党建的主动性仍然没有被完全激发出来。理应成为学生社区主人翁的学生群体，其自主意识不断强化，宿舍一直是他们心目中较为私密的、可以全身心放松的领域，让学生树立党建深入社区的意识，并将自我提升这一议题融入他们日常社区生活的理念还需要一定的时间。①

---

① 马成瑶. 整体性治理视域下推进高校"一站式"学生社区综合管理的思考 [J]. 思想理论教育，2022（3）：96-101.

2. 队伍建设转型困难

目前，部分试点高校通过积极探索，配备了"一站式"学生社区党建队伍，搭建了各类"党建+社区"平台，但高校学生社区党建还存在组织有待健全、机制有待创新、活力有待激发、力量有待充实、效果有待提升等问题。传统的教、管党建队伍，多基于专业学科或工作条线，原本教研与工作中的合作可以提供稳固可靠的共识基础，基层党建的政治引领功能在意识、行动和价值层面都已有较高水平的构建模式。而高校学生党组织一般在学院层面设立，学生支部以年级、班级或学科、专业为单位划分，由院系党委归口管理，学生党员及入党积极分子将党建引领与自身学业、学生工作结合的惯性思维较强。因此，在社区这样一个传统用作生活休闲，以及人员之间主要依靠空间联结的场所，建立建强基层党建队伍仍有许多现实困境，要探索在学生社区加强党组织建设、创新党建工作的机制和路径。现实的情况是，党建在高校"一站式"学生社区建设中存在覆盖面有限、发挥引领力作用也有限的问题，而且社区学生党员参与度不高，尚未形成完整的育人系统，多元主体协同体系有待构建。在"一站式"学生社区重要性逐渐凸显后，基层党建工作和思想政治教育工作也需要紧跟时代要求，将工作范围向学生社区拓展，真正建立起新型工作机制。① 在开展基层党建的过程中，只有不断创新工作模式，加强与学生的互动，提升党建工作质量，增加学生对基层党组织的认同感和信任感，才能让学生主动参与"一站式"学生社区建设，促进"一站式"学生社区的高效发展，形成育人合力。②

三、育人效能有待提升

1. 育人实效引领力不足

当前高校"一站式"学生社区建设的综合管理体系正不断完善，学生成长服务管理效能在社区范围内正不断拓展，但相比之下，党建引领在"一站式"学生社区建设中思想政治教育的育人实效就略显不足。社区党团活动开展、思想政治教育、党员发展、学生活动组织等，都过度依赖传统模式，"生搬硬套"至社区范围内，没有显示出打破专业壁垒、共促多维发展的良

---

① 王军华. 高校"一站式"学生社区建设的内生价值、现实挑战与突破进路 [J]. 思想理论教育，2022（10）：108-111.
② 周远，张振. 高校"一站式"学生社区的空间建构逻辑与路向 [J]. 思想理论教育，2022（7）：102-107.

好形势。

2. 党建引领创新性不高

积极深入探索党建在高校"一站式"学生社区建设中怎样发挥引领力作用是基层党建工作创新的必然要求。"一站式"学生社区是大学生生活、学习的重要区域，是大学生日常活动的高频场所，基于学生社区的党建引领工作应该满足新形势下的新要求，密切结合时事热点和学生动态，创新工作形式。当前，许多高校的社区党建工作，尤其是处于起步阶段的"一站式"学生社区党建工作还在照搬学院建制的经验做法，这些工作过多地注重形式和特殊个体的培养打造，未能形成配套的系统化的工作创新，缺乏具有推广性和延续性的社区党建模式。

3. 品牌特色不明显

目前，"一站式"学生社区的党建引领依然存在活动同质性较强、活动形式单一、活动特色不明显、学生归属感不强等客观问题，很难形成社区党支部引领合力，社区学生"被动"参加党支部活动，无法调动学生参与社区建设的主人翁意识。例如，党支部活动的开展以"凑人头"的方式强制入党积极分子和学生党员参加，学生参与社区党建工作目的性较强、功利性明显，削弱了党员示范引领和先锋模范作用。另外，传统学生基层党组织可以围绕自身专业提炼出科技文化内涵，而社区基层党组织依托学生社区的空间属性建制在科技文化内涵的提炼方面存在一定难度，特别是部分高校校区建立缺乏历史沉淀，没有体现出鲜明的社区特色和育人导向，社区党建的内在价值和外显特征之间的相互连结就面临更加严峻的挑战。

第三节　改革路径

一、构建党建引领社区组织管理机制

1. 加强组织领导

高校党委要增强"四个意识"、坚定"四个自信"、做到"两个维护"，将党的教育方针政策全面落实到"一站式"学生社区综合管理模式建设中，发挥把方向、管大局、作决策、保落实的主体作用。"把方向"是在建设的具体实践中坚持立德树人的根本任务，及时将党中央的教育方针和地方党委的具体要求融入规划和实施中，着力培养担当民族复兴大任的时代新人，培养德智体美劳全面发展的社会主义建设者和接班人；"管大局"是要加强建设的顶层设计，促进校内涉及学生社区事务的相关资源高效整合、人员凝心聚力，使得教育培养和管理服务的各领域、各环节、各方面互通互融，更加适应新时代社区综合管理模式；"作决策"是以学校党委为核心，成立专门的建设领导小组，学校主要领导担任组长，其他校领导为成员，坚持民主集中制原则，提高决策水平；"保落实"是下设的全员协同模式的工作组，由涉及学生社区事务相关职能的各个部门组成，将校党委和领导小组的决策和方案落实到社区管理服务的一线，为具体工作的开展提供有力保障。

2. 完善组织架构

坚持强基固本，强化社区党组织在"一站式"学生社区综合管理模式中的政治功能，在院校实际情况和社区空间架构下设置分级组织体系，明确各级党建工作责任，积极探索学生社区党建网格化管理，创新学生社区网格组织体系，做细做实学生社区网格党建和组织架构，充分发挥学生社区基层党支部的战斗堡垒作用。党支部是党的基础组织，是党在社会基层组织中的战斗堡垒，要根据学生社区具体情况，结合区域、楼栋、楼层的分布设立合适的功能型党支部，延伸书院党委的治理范围，使学生社区成为有基层党组织、有党员队伍、有活动媒介的基本单元。建立健全学生社区基层治理体系，制定落实楼栋党支部和楼层党小组工作管理制度，做深做实网格化党建，扩大基层党的组织覆盖和工作覆盖。成立学生社区团委，加强社区团组织建设，成立大学生自我管理委员会等学生组织。推动党组织活动与群团组织工作联动、活动联办、业绩联创，推进党团班一体化建设，切实加强党对群团组织的领导力。

3. 加强队伍建设

专职与兼职形式相结合，从院校各层级、学生工作及其他相关部门中选拔党性强、业务精、有威信、肯奉献的领导干部担任各级学生社区党组织负责人，带头落实"一线原则"。充分发挥党员先锋模范作用，扎实开展民主评议党员工作，激励党员坚定理想信念、增强党员意识、提高党性修养、强化责任担当，争做合格党员。打破社区、年级、专业界限，在建设阶段注重学生社区与学院在学生培养的方方面面互动交叉、双轨并行，积极推动"双带头人"教师党支部书记、党建专员、基层党组织书记、专职组织员、思政队伍等党务工作力量下沉到"一站式"学生社区，联合开展理论业务学习、主题党团日活动等，深度参与社区学生入党积极分子培养，打造多元构成的"一站式"学生社区党建工作队伍。

二、构建党建引领育人实效提升机制

1. 汇聚育人资源

加强党对育人工作的全面领导，创建集思想教育、价值引领、学习指导、生活帮扶、文化浸润、能力提升于一体的社区党建模式，社区在满足学生生活起居基本功能之外，要尽可能地整合思想政治教育、学科知识、科技创新、文体活动等多元校园文化资源，将心理咨询、生涯规划指导、学术沙龙等专业力量引入社区，使学生在校园人口密度最大、成员相互影响最深刻的场域内获取信息、交流思想、沟通情感，将学生社区打造成教室、图书馆、实验室、报告厅等育人场所的延伸。积极推动党建阵地和社区育人空间融合，在社区公共物理空间建设党建思政园地，设置专门的党建活动区域，有统一标识、统一元素、统一功能、统一风格，有党旗党徽、党章党规、经典语录、制度规定、活动展示，积极拓展党员阵地红色教育功能。

2. 优化管理服务

在党建引领下，扎实推进学生成长指导和事务服务平台建设，以"能集中不分散，能线上不线下"为标准，通过解决实际问题强化政治引领和价值引领，通过常驻窗口、临时窗口、自助服务、纳入网上办事平台等方式统筹规划，集中解决学生在校园内的各类需求。在党的群众路线指导下，整合师生党员、积极分子、群团组织力量，在学生社区创新党员服务站，推动形成多方参与、共同治理、分层有序的学生社区党建服务体系，延伸党建覆盖的广度和深度。以党员服务站为辐射点，多维度培育特色党建服务团队，通过党员亮身份、党员寝室挂牌等活动，加强党建引领的正向激励与反向约束，将服务覆盖全部学生，激发学生社区治理内生动力，着力提升学生社区治理服务水平。建立健全反馈机制，打造"有平台可以咨询、有渠道可以反馈、有措施可以解决"的社区"红色阵地"，在服务的同时，畅通学生与学校管理服务平台的常态化沟通，广泛搜集社情民意，及时向社区党委反馈意见与建议，形成治理闭环。以党的作风建设为抓手，明确相关部门职责权限，加大督查力度，强化监督问责，在设计、执行、评价、反馈的体系中规范制度、狠抓落实，不断提升"一站式"学生成长管理服务平台的工作实效。

3. 创新工作模式

不同院校结合国家与地方战略规划、自身发展需求、人才培养特色和学生社区实际，将党建工作与学生事务管理、社区服务水平提升有机结合，激发党建创新在学生社区综合管理建设中的政治能量。将理想信念教育与社区文化建设有机结合，充分发挥社区宣传、实践活动时空优势，打造浸润式、渗透式、启发式教育体系，于无声处育人。创新学生社区党建活动，设计新颖的科技文化活动，打破学生社区与教学区空间上的壁垒，满足学生的文化和精神需求。如鼓励党员组队参与志愿服务活动、科研竞赛、校园文体活动等。同时，要充分利用现代科技手段，如互联网、大数据等，提高党建工作的智能化、便捷化水平，使学生事务管理更加高效、有序。

三、构建党建引领理论研究强化机制

1. 夯实理论基础

"共产党员有了革命的理论，才能从复杂万分的事情中弄出一个头绪，从不断变化的运动中找出一个方向来，才能把革命的工作做好。"① 当前，为了进一步夯实党建引领的相关理论基础，我们要做到如下几个方面：深入学习习近平新时代中国特色社会主义思想，遵循马克思主义基本原理，加强党的历史和优良传统的深入学习，深刻理解党的伟大事业，传承党的优良传统；关注世情、国情、党情的深刻变化，领会党的十八大以来党和国家事业取得的历史性成就、发生的历史性变革、面临的历史性挑战和机遇；培养廉洁自律意识，坚决抵制各种不良风气，在新时代背景下将学生社区作为开展党建工作的重要阵地，做到以"四个意识"导航，以"四个自信"强基，以"两个维护"铸魂，推动党建工作与人才培养工作的深度融合，为高等教育事业的发展提供有力保障。

2. 丰富研究形式

基于党建研究和学生社区建设的整体设计，形成长效机制，避免分散力量、浪费资源，切实增强研究形式的可行性、实效性、长期性和影响力。利用社区时空基础条件，将专题研讨、调研实践、党建活动、党课宣讲等内容固定化和品牌化，形成系列的、成体系的、综合性强的研究形式，使得党建研究在学生社区中更容易引发共鸣、启迪思想。筑牢网络阵地，促进线上与线下学生社区空间网格交融渗透，拓宽党建工作的空间和领域，灵活运用新媒体手段提高研究效能。

3. 强化院校特色

为推进高校"一站式"学生社区党建引领特色化，各高校应因地制宜，

---

① 中共中央文献研究室. 陈云论党的建设 [M]. 北京：中央文献出版社，1995：49.

结合党和国家、区域地方和本校自身战略发展需求，以现有的红色资源、校风校训、优势学科等为具体内容，与学生社区党建工作进行有效融合，打造具有院校特色的党建品牌，积极探索"党建+社区"模式，推动学生党建工作实现时代新发展。在"一站式"学生社区综合管理模式建设的顶层设计阶段就融合现有校园文化底蕴，于区域规划、命名、活动举办等过程中着重发挥校园文化的影响力、渗透力和感召力，这在拓宽院校精神传承路径的同时还可汇聚形成党建工作和文化建设的强大合力，进一步深化学生社区党建研究的内涵，促进高校肩负起时代赋予的历史使命。

"一站式"学生社区建设是一项持久、稳步推进的系统工程，党建引领学生社区建设有利于充分发挥高校党建工作育人的作用，能够使党的政治优势和组织优势转化为学生社区治理优势，将党建理论和理念深入学生社区价值观塑造的方方面面，在政治性、思想性上引领学生社区治理，引导基层党组织真正成为领导学生社区治理的坚强战斗堡垒，实现学生社区治理机制的完善和提升，打造学生社区共建共治共享新格局。

江苏大学以"一站式"学生社区试点建设为契机，以书院制综合改革为抓手，探索创新书院制模式下的"一站式"学生社区党建工作新范式，使思想政治工作更加贴近学生，促使学生社区"三全育人"工作走深走实，进一步增强了学生对于学生社区的归属感和认同感。今后，各高校可以推动"一站式"学生社区试点工作和书院制综合改革深度融合，从党建机制创新、综合治理与育人协同、师生共建共治、数字化赋能学生社区建设等方面继续探索符合书院制特点的"一站式"学生社区综合管理模式建设的有效路径，统筹推进书院和学生社区党建工作提质增效，着力打造"一站式"学生社区建设"党建样板"，将学生社区打造成为学生思政工作的前沿阵地。

第四节　江苏大学实践："1+5+N"党建工作机制

江苏大学紧紧围绕立德树人根本任务，坚持以一面党旗引航为中心，根据全面推进学生社区党建、践行"一线规则"、强化先锋示范、注重项目牵引、拓展育人平台五个党建工作路径，充分发挥N个社区组织育人合力，实现党建和思政工作对青年学生的全员全息全覆盖，构筑学生社区育人新高地。

一、坚持党建引领

学校党委统筹协调学生社区党建工作，充分发挥党组织在学生社区的战斗堡垒作用。树立大抓基层、严抓基层的鲜明导向，全面提升基层党组织的组织力。建立健全校党委书记、二级党组织书记联系党支部工作制度，制定30余项领导干部带头深入学生宿舍、社团、课堂等基层组织建设制度，将党建育人责任传递到每个"神经末梢"。深入推进"1+N"党建服务制度，13名党建专员与42个二级党组织科学结对，既当好基层党组织书记的"服务员"，又当好推动社区基层党组织争先创优的"调研员"和"引导员"。

二、践行"一线规则"

学校将"一站式"学生社区综合管理模式建设试点工作纳入整体发展规划和人才培养大局，成立学生社区党工委和书院（社区）党总支，制定"一线规则"实施方案，建立校、院领导和学生社区定点联系机制，推动校院领导、机关干部、专业教师等走进社区，打通"三全育人""最后一公里"。校领导班子带头深入学生社区看望慰问学生，定期开展"书记面对面""校长零距离"座谈会听取学生意见和建议。选聘党政干部担任社区楼长、层长，联合辅导员、公寓、后勤等管理力量组建工作小组，合力开展社区思政。启动学业导师进驻学生宿舍计划，"双带头人"教师党支部书记、学业导师等走进社区，开展课程辅导、学科沙龙、科创训练、生涯规划等指导活动，"零距离"解决好学生实际困难。

三、强化先锋示范

创新党建下沉学生社区和活动载体，把组织优势转化为育人育才效能。围绕"组织强基"主线，构建团支部、学生会组织、"大骨班"、青年学习社、青年智库"五位一体"的团学组织育人体系。开展形式多样的"银发生辉"志愿者服务，组建"知农爱农""银发"宣讲团，在社区开展线下宣讲，结合亲身经历讲述"工中有农，以工支农"的文化情怀，厚植师生知农爱农情怀，形成"学生在哪里，哪里就有党的育人育才工作"局面。设立"青春领航""微光大爱"等党员服务岗，搭建党员服务平台，着力彰显党员先锋领航"风向标"作用。

四、注重项目牵引

实施"学校—社区—支部"三级党建书记项目制度，按照"点题、选题、破题、结题"的思路，突出"切口小、有难度、示范性强"的特点，指导社区基层党组织书记精准选题、科学立项；校党委书记、二级党组织书记、党支部书记带头"挂帅"，把"书记项目"作为"责任田"，形成一级抓一级、层层抓落实的党建格局，充分发挥社区基层党组织的政治功能和组织力。严格落实《江苏大学基层党建"书记项目"管理办法（试行）》，扎实推进"一个项目、一位领导、一支队伍、一抓到底"的项目推进保障机制，打造组织育人品牌。

五、拓展育人平台

着力构建专业课程大思政格局，打造"育人共同体"。以专业方向、研究所、课题组和重大项目组等为平台设置师生联合党支部，推动资源下沉学生社区，打造党建工作前沿阵地。例如：药学院药剂系党支部将课程与思政交融，以实践实训为引领，确保课程思政同行同向，将"干巴巴的说教"转化为"热乎乎的教学"，在课上课下课内课外传承教育的"药味"，获评"全国样板党支部"；化学化工学院绿色化学与化工技术创新团队以"支部+"的研究生培养模式践行"以生为本，不忘初心"育人使命，打造指尖上的思政和科研"共同体"，实现了党支部建设和学生社区育人质量双提升。截止到2024年5月，江苏大学4个基层党组织获批"全国党建工作标杆院系"和"全国党建工作样板支部"。

第五章　发掘盘活学生社区的育人力量

第一节　价值意蕴

　　"三全育人"作为新时代高校思想政治教育工作改革的主要措施和行动指南，是高校落实立德树人根本任务的必然要求，是构建高校大思政格局的有效抓手。高校以"合力育人"的理念推进"一站式"学生社区建设，强调多元主体协同联动，全员共同参与，形成协调联动机制，充分发挥合力育人功效。然而，随着实践探索的逐步深入，一些现实困难与挑战也逐渐显现。综合大量的文献研究可知，当前学生社区力量的汇聚在育人主体、育人内容和机制建设上还存在一定的局限性，比如多种育人主体之间育人目标缺乏协同、育人积极性不高、横向协调不足、缺乏制度保障等问题，难以形成育人合力。所以，为推进"一站式"学生社区的进一步建设发展，高校亟须健全育人主体一体化全员化机制，实现育人内容系统化连贯化，构建全局化长效化的育人格局。

　　习近平总书记在全国高校思想政治工作会议上指出，要坚持把立德树人作为中心环节，把思想政治工作贯穿教育教学全过程，实现全程育人、全方位育人，努力开创我国高等教育事业发展新局面。"合力育人"理念是"三全育人"一体化育人格局中的思路创新，也是新时代加强高校思想政治工作体系构建、推进"一站式"学生社区建设的重要环节。基于"合力育人"价值从何而来、价值为何、价值指向何处的逻辑，本节从价值生成、价值定位、价值指向三重维度阐述"合力育人"的价值意蕴，探索其价值深意。

一、学生社区"合力育人"的价值生成

1. 深化育人理念，落实立德树人根本任务

教育最基本的属性在于培养人的社会实践活动，而"立德树人"是全部育人实践的根本价值遵循。"高校的立身之本在于立德树人"，立德树人在高校教育事业的发展中发挥了重要作用。若要办好一流大学，必须落实"立德树人"根本任务，以育人为核心把握好"立德树人"的深刻内涵，挖掘"合力育人"理念的教育价值，抓牢教育者的育人价值，发挥受教育者的人才价值，以育人理论深化人才培养的理论价值和实践策略。

2. 助益学生成长，提升思政教育实质效果

坚持社会主义办学方向，促进学生成长成才是高校育人工作的目标，也是高校思想政治工作的出发点和落脚点。"合力育人"的落脚点在"育人"，主体在"合力"，将思政课教师、专业课教师、辅导员、学业导师、党政领导集体、管理部门、服务部门，以及家庭、社会各育人主体力量汇集，围绕学生全面发展的目标，坚持"德育为先"的育人理念，充分挖掘各类合力育人要素，将育人的使命贯穿于工作的各个环节，协同推进对学生的生活关怀、价值塑造、行为养成、能力提升，推动思想政治工作将知识传授、价值引领、人才培养三者有机统一，为学生全面成长指明方向。

3. 围绕现实需要，服务社会与人全面发展

"合力育人"立足于社会主义现代化建设的客观需要，符合学生全面发展的主体要求，可促进思想政治教育活动和社会与人的互动发展，体现了社会实践需求的发展性。它能够从社会全面发展的整体利益出发，系统发挥高校思想政治工作在价值引领中的重要作用，通过构建"合力育人"机制将价值引领渗透于社会与人全面发展的各方面，培树理想信念，培育社会核心价值观，提升全社会的道德水平，成为个体精神发育和社会文化发展的重要保障。

二、学生社区"合力育人"的价值定位

1. 坚持马克思主义在意识形态领域的指导地位

党的二十大提出，意识形态工作是为国家立心、为民族立魂的工作，要"牢牢掌握党对意识形态工作领导权，全面落实意识形态工作责任制，巩固壮大奋进新时代的主流思想舆论"。学校是进行知识教育和思想文化传播的

实践基地，也是开展思想政治工作的战略要地。坚持马克思主义在意识形态领域的指导地位是坚持社会主义办学方向的根本特征，高等教育必须坚持党对高校的全面领导毫不动摇。学生社区以全员育人理念为指导，充分发挥各类育人力量的合力，强化高校思想政治工作的本质属性，明确了高校思想政治工作的任务和目标，承载着马克思主义理论教育和党的路线、方针、政策、理论宣传教育的重要任务。

2. 构建新时代高校思想政治工作体系

教育部等八部门《关于加快构建高校思想政治工作体系的意见》（教思政〔2020〕1号）中，把"以建立完善全员、全程、全方位育人体制机制为关键"作为加快构建高校思想政治工作体系指导思想的重要内容，强调要加快高校思想政治工作体系的建设步伐。"合力育人"作用的发挥要求加强党对高校的全面领导，在制度建设上提供保障，在课程建设和队伍打造等层面提供支持。新时代高校"合力育人"机制最大限度整合汇聚了多元育人主体队伍，最大程度地发挥了主体力量，为增强高校思想政治教育成效性发挥了重要作用。"合力育人"在一定程度上体现了党对高校思想政治工作建设的思维变革、方式转变和实践创新，成为高校思想政治工作质量提升的重要依托。

3. 提升新时代高校思想品德教育能力

党的二十大报告中提出，"坚持为党育人、为国育才，全面提高人才自主培养质量，着力造就拔尖创新人才，聚天下英才而用之"。高校思政课教师肩负为党育人、为国育才的光荣使命，要按照习近平总书记的要求，立志成为"经师"和"人师"的统一者，成为塑造学生品格、品行和品位的"大先生"。因此，"合力育人"旨在高校党委的统一领导下，将道德修养和人格塑造放在培养人才的首要位置，建立联动育人体系，以思政课教师为主体，以辅导员为骨干，以各职能部门为支持，充分调动学生获取知识的积极性和主动性，进而推动新时代高校思想品德教育治理领域创新发展。

三、学生社区"合力育人"的价值指向

1. 赋能育人主体全面发展

"合力育人"不仅能推动育人主体成长，还能营造良好的教育氛围，吸引更多的教育力量汇聚到育人队伍之中。育人主体彼此互帮互助、相互依赖，可使众人拧成一股绳，汇聚成强大的思想政治教育合力。在实践交往

中，育人主体通过互相学习可进一步实现个人的全面发展。在高校学生社区"合力育人"工作实际开展过程中，育人成效从教师群体的单独责任向教职工群体的整体责任转变，育人方式从"单一滴灌"到"滴灌与漫灌结合"，育人队伍实现同向同行、同心同力，有利于教书育人、管理育人和服务育人的效能发挥到最大，实现育人主体的全面协同。

2. 秉持"以人为本"育人理念

学生社区"合力育人"以学生为根本，以培养人为教育的出发点和落脚点。思想政治工作要充分发挥"合力育人"的影响力，全面覆盖高校学生，并且要因时而化、因势而新，满足学生成长需求，还要体现民主化、人本化趋势。在现实的思想政治工作实践活动中，教育者和受教育者的互动关系是紧密联系的，教育只有在二者的互动中才能发挥良好效用。我们既要注重思政课和专业课教师的课堂主渠道作用，又要强调学生主体性的发挥。"合力育人"强调在关心人、帮助人、服务人中教育人、引导人，不仅要在思政课程中教化人，还要充分挖掘其他各类课程中的育人元素，激发学生的自主性，以提升学生的思想品质、人文素养和知行能力；也要在日常生活中关心人和引导人，为学生主体性发挥创造更好条件，进而拓宽育人活动的内容范围，传递以人为本的育人理念。

3. 全面协调创新育人方法

"三全育人"的改革需要政治力量保障、经济发展支撑、文化事业推动。"合力育人"作为"三全育人"综合改革的思路创新，在宏观层面，政府、家庭、社会、学校需多方参与，共同发力，协同建构育人系统。在微观层面，即从高校层面考虑，"合力育人"关涉高校工作的各个方面和各个部门，它围绕"立德树人"目标将高校工作的各个方面联动起来，实现学科、教学、教材、管理等体系在目标、内容上协调共进，完善科学全面、运行高效的人才培养系统。这意味着高校各部门、各育人主体，如宣传部、教务处、学生处、科研处等，都要加强协作协同，共同承担育人职责，统筹育人资源，实现育人机制长效运转。

第二节 当前问题

"合力育人"理论自实践以来，在学生社区开展思想政治教育活动中取得了一定成绩，但仍有学生管理人员、专业课教师等对"合力育人"的重要性认识不足，以及育人力量相对分散、主体责任担当缺乏等问题。这些问题主要集中在以下四个方面,一是高校"合力育人"主体的教育信仰模糊,二是高校"合力育人"队伍的共同文化尚未形成,三是高校"合力育人"协同机制尚不健全,四是高校"合力育人"评价激励体系尚不科学。

一、高校"合力育人"主体的教育信仰模糊

在社会环境影响下,价值选择的多样化使得大学生的思想呈现多元发展趋势,这导致校园秩序不稳定、学生心理问题日益突出、西方意识形态渗入等情况加剧。因此,在此背景下,育人主体的育人观念也会受到影响,个人主义观念增强,利己思想、索取意识日益显现,利他精神日益减少,最终造成高校广大教职工思想道德意识的削弱,言行不一、育人观念淡化的现象也间接性显现。而大学生正处在人生价值塑造的关键时期,还未具备完善的政治辨识能力,很容易受到错误思潮的影响,难以造就良好的思想道德观念。

二、高校"合力育人"队伍的共同文化尚未形成

在高校思政教育开展的过程中,部分高校的学生管理人员和专业学科教师对"合力育人"的重视程度不够,他们对自身定位不清晰,"合力育人"意识不够,忽视了"合力育人"对大学生全面发展的现实价值,没有将大学生思想政治教育的开展作为自身肩负的重要使命,未充分发挥自身的主体优势,使得高校"合力育人"的实践缺乏基础。同时,部分专业课程教师对"合力育人"的育人方式缺乏全面深入的认知,不能积极配合以新媒体为支撑的"课程思政"和"大思政"的推进,导致高校学生社区在"合力育人"过程中缺乏内生动力。此外,各育人主体虽身处同一个育人场域,但高校教师忙于科研教学,管理人员忙于学生事务性工作,后勤服务人员局限于分配到自身的工作,针对学生进行思想政治教育的工作难以深入合作开展。

三、高校"合力育人"协同机制尚不健全

育人协同机制是支撑育人体系运转的框架,其构建情况直接影响育人体系的运行。高校"合力育人"涉及部门多且运行机制较为复杂,必然要求资源要素集聚,需要各部门高效配合和协作推动。"合力育人"的目标要求之一就是建立主体协作的育人队伍,思政课教师、专业课教师与辅导员作为传

道授业的教师队伍主体，对三者之间的协作关系应该充分认识并重视，在学校的思想政治工作上达成思想一致、行为一致，共同出力、同向同行。但是就高校实际情况来看，"合力育人"主体之间往往沟通不及时，信息流通不畅，平常产生联系也多为具体事务性工作的需要，缺乏就思想政治教育工作进行常态化交流、分享，使得"合力育人"资源难以共享，影响"合力育人"的工作效率和目标实现。另外，思政课教师、辅导员与专业课教师的教学联系不紧密：思政课教师专攻学校的思想政治理论课，致使思政课教师与专业课教师沟通联系不足，专业课教师往往不能将思想政治教育很好地渗入专业课教学内容中；辅导员专注于学生的日常工作管理，致使辅导员、专业课教师和思政课教师的互动对话不足。三者之间的教学任务与工作安排联系得不紧密，使得三者之间很难进行思想政治教育协同联动的互补互助。因此，从事学生工作的教育工作者对各类专业的学生特点和需求了解不透彻，他们需要协同联动的机制来掌握各类专业培养的基本要求，有针对性地结合专业特点开展学生教育工作。总之，高校"合力育人"工作被明确分为教学、管理、服务三大模块，会致使不同岗位教职工之间缺乏围绕大学生进行立德树人教育任务的经常性沟通交流，这在一定程度上阻碍了高校"合力育人"协同机制的构建。

四、高校"合力育人"评价激励体系尚不科学

考核评价机制既是"指挥棒"，也是"助推器"，是推进思政课教师队伍建设的重要抓手。这个论断不仅适用于思政课教师队伍，也适用于"合力育人"的育人队伍。但是，有的高校明显没有制定适用于"合力育人"全部队伍的监督考评机制；有的高校虽制定了相关的监督考评机制，但在执行的过程中做得不到位，阻碍了"合力育人"协同联动发展。当前，高校"合力育人"评价激励体系不完善主要表现在三个方面。其一，评价标准不规范。例如，对授课教师的考核评价内容更多关注的是专业水平、教学能力、科研成绩，只注重评价内容量的积累，缺少对教师道德修养、政治素养的重视。其二，评价对象单一。高校更多关注对教师群体的评价，对管理部门、后勤服务部门尚未确定明确的评价考核标准。就管理和服务部门而言，考评重点在工作数量，对育人效果的考核和评价则很少纳入统一考核中，因而对于管理和服务部门人员来说，工作绩效与德育是明显割裂开来的。这种考核评价体系的错位，使得许多的管理和服务人员没有找到自身育人职责的

价值成就和现实意义，使得高校"合力育人"主体缺少育人积极性与主动性。其三，激励机制不完善。虽然目前多数高校已经形成了本校的考核制度，但普遍存在重视考核、弱化激励的现象。各育人主体多数工作是定量的，因为只有客观实在的工作内容才能进行量化统计，很多重要性的思想工作却难以进行评判。例如，关心爱护学生、尊重帮助学生、对学生进行思想道德指导工作，不能进行量化，只能用模糊概念界定，这在一定程度上挫伤了育人主体对学生进行德育的积极性。

综上，从高校"一站式"学生社区建设的角度来看，"合力育人"理论具有丰富的价值意蕴和育人内涵。高校在探究"合力育人"理论在"一站式"学生社区建设中的价值的基础上，应综合分析学生社区辅导员队伍、学业导师和研究生导师所发挥的作用，以期探究切实助力"一站式"学生社区建设的具体路径。

第三节　辅导员队伍建设

"一站式"学生社区具有系统性、整合性、多功能性特征，有助于破解学生管理分散化、细碎化难题，提高学生管理工作质量和效率。高校辅导员作为"一站式"学生社区管理工作中的思政力量，应承担实施立德树人与隐性教育、推动资源协调与配置、促进学生成长与全面发展的多重角色。因此，需充分发挥辅导员队伍建设的角色使命，探索辅导员参与"一站式"学生社区建设的具体路径。

一、学生社区辅导员队伍建设的价值意蕴

1. 深化"三全育人"改革的客观要求

高校思想政治工作要坚持把立德树人作为中心环节，把思想政治工作贯穿教育教学全过程，实现全程育人、全方位育人。学生社区依托书院制、导师制、通识教育、养成教育、大类培养、双院协同等育人举措，从人员、时间、空间三个维度调整、聚集和优化各类育人要素，致力于为学生创造一个导学相长、专博兼具、全面发展的全新育人模式，其精神内核和育人逻辑与"三全育人"提倡构建协同育人体系不谋而合。当前，学生社区主动对标"三全育人"工作要求，全面融入"三全育人"大思政格局，打造以辅导员为工作主体的骨干力量，将书院全人教育理念与实践育人、文化育人、心理

育人、管理育人等十大育人体系深度融合，努力将书院建设为立德树人的育人阵地、教学相长的温暖家园、全面发展的成长沃土、精细管理的综合平台。目前，书院已经成为"三全育人"综合改革的一个重要落地平台，这对于实现立德树人根本任务人人有责、人人尽责，时时为功、久久为功，处处着力、处处有力具有重要意义。

2. 推动学生社区自身发展的内在需求

在学生社区建设的过程中，辅导员队伍通常承担着学生社区方方面面的工作和事务，学生社区辅导员是学生在校园生活中的引路人，他们通过关心、关爱、引导和帮助学生，使学生在学习、生活、心理等方面得到全面发展。专、兼职辅导员通过入驻学生社区，落实驻楼值班制度，形成"辅导员—楼长—层长—寝室长"的四级管理体系。他们负责组织开展社区党团建设、思想教育、心理健康教育与引导、安全教育、日常管理和突发事件应急处置等工作。学生社区辅导员通过常态化深入学生社区开展谈心谈话，了解学生的学习生活、思想困惑和实际需求，围绕当前大学生的思想动态、成长特点、发展现状等与学生紧密相关的话题，开展思想政治教育与专题辅导工作。学生社区辅导员队伍建设对促进学生的全面发展、提高教育教学质量、营造良好的校园文化氛围、维护校园安全稳定及提升学校的社会形象具有重要意义。在某种程度上我们可以说，学生社区辅导员队伍打造得"精"，高校的育人能力和水平才会提升。创新辅导员队伍建设与学生社区发展协同共生，以辅导员队伍建设助推学生社区融入和深化中国高等教育内涵式发展，是创新学生社区育人的重要组成部分，更是学生社区自身持续健康发展的内在需求。

3. 加强学工队伍建设的不懈追求

辅导员是开展大学生思想政治教育工作的骨干力量，是高等学校学生日常思想政治教育和管理工作的组织者、实施者、指导者。习近平总书记在全国教育大会上指出："要精心培养和组织一支会做思想政治工作的政工队伍，把思想政治工作做在日常、做到个人。"从学工队伍建设的角度来看，"社区+学院"作为一个改革的系统工程，需要将辅导员队伍从"散点分布式"向"社区集结式"转换，从而建立一个全方位、立体化的综合育人平台。学生社区通过以育人平台之"广"对接队伍发展之"需"，贯通从初级到专家级辅导员职业发展阶段，助力辅导员专业素养的持续提升。

二、学生社区辅导员队伍建设的角色使命

1. 回归辅导员队伍建设的初心使命

高校的使命是"立德树人",辅导员应当把为党育人、为国育才作为自己的使命,引导大学生坚定理想信念、厚植爱国主义情怀,成为中国特色社会主义的合格建设者和可靠接班人。学生社区为辅导员回归思想政治教育的初心使命提供了良好的场域优势、团队优势和平台优势。学生社区搭建起"学校—社区—公寓—寝室—学生"服务管理体系,集住宿生活、学习研讨、思想政治教育于一体,在课堂之外构建学生多维成长新空间。近年来,在高校实施"学分制""大类培养"等改革的背景下,"同班不同学""同学不同班"成为常态。大学生平日里更多的是以共同的生活空间(宿舍、相近的兴趣链接——社团)组织起来的,学生社区成为学生交流互动最经常最稳定的场所。学生社区往往按照专业、行业等特点统合管理学生,依托大体量的学生基础集合起一支辅导员队伍,有助于发挥团队作战的协同效应,将思想引领的根本属性落实落细,充分实现"专业的人专心做专业的事"的工作目标。

2. 应对大学生思政工作的时代变化

思想政治工作从根本上说是做人的工作。新形势下,高校思想政治工作因外部形势、工作环境、对象特征和内容方法的变化发生了较大变革,特别是随着时代的发展,"00后网络原住民"已经成为大学生的主体,这部分学生往往思想观念开放、自我意识较强、价值取向多元、追求个性发展、处世态度理性。因此,辅导员工作要因时而变、因事而化、因势而新,以"教育—管理—服务—发展"模式,从"教育管理学生"延伸至"引领学生发展",从"权威命令管理"延伸至"引领陪伴指导",学生工作对象从"被动接受者"延伸至"主动参与者",学生工作者从"一般教育管理者"延伸至"三全育人推动者"。因此,辅导员需要下沉到学生社区,组成一个体量适当、结构合理、功能齐全、随时随地能协作配合的"战斗集体"。这个"集体"能够有组织地推动辅导员队伍及时更新育人理念、调整工作目标、改良方式方法、创新内容体系,进而使思想政治工作与时代同频共振。

3. 探索新时代人才培养的社区经验

学生社区是大学生学习、生活、成长的重要阵地,高校大学生社区协同育人新模式是指高校与学生社区在育人方面进行合作、协同,通过共同开展教育、文化、社会实践等活动促进学生全面发展、培养社会责任感和创新创

业能力的一种新型育人模式。高校大学生社区协同育人新模式的提出，不仅囊括了高校德育教学工作，还将高校育人模式创新探索纳入其中，是高校加强学生适应人才培育新形势的重要体现。在大学生社区协同育人新模式建设中，高校不断强化"以学生为中心""三全育人""五育并举"的教学理念，围绕学生生活、学习、创业就业等核心内容开展了一系列工作。新模式通过构筑学生德育前沿阵地，实现"德育创新、管理创新、育人创新"，将高校的育人资源下沉，打通高校育人"最后一公里"，促进高校师资力量高效转化，有效创建学生课堂之外的重要学习阵地，推动"产学研"模式和企业用人新格局的发展，增强学生综合素质能力和社会竞争力。从学生社区辅导员的工作职责来看，不论是涉及学校体制机制改革、拔尖人才培养、思想政治工作落实还是学生管理服务，都离不开辅导员队伍的参与。从学生社区辅导员的工作实践来看，以加强思想政治工作为要义的"一站式"学生社区建设，在育人方向上同向同行、在育人场地上相互支撑、在育人功能上有效耦合，有助于深化高校学生社区育人新模式建设。

三、学生社区辅导员队伍建设的具体探索

辅导员在学生社区的育人实践中可通过明确角色目标，创新育人机制，打造全面发展育人空间、生生互动和师生互动空间等发挥自己的育人作用，充分激发学生的主体自觉性，同时可借助外部监督引导学生社区规范发展。

1. 找准专业化角色定位，明确社区育人目标

辅导员是学生社区立德树人与隐性教育的实施者。学生社区管理包含日常生活管理、教育教学工作、人际交往等多项内容，辅导员具有思想理论教育和价值引领的职责，同时负责学生日常事务管理，因此江苏大学引导辅导员在学生社区育人过程中正确开展育人活动和思想引领，将价值引领与学生日常事务管理相结合，实现嵌入式教育，更有助于达成思想教育的目标。例如，通过学生社区文化节等活动，辅导员浸润式引导学生形成积极向上的精神面貌，引导学生树立正确的价值观、人生观和世界观；增强学生团结友爱、互帮互助的意识，增强不同宿舍单元之间的交流，营造良好的社区"家文化"。辅导员同样也是学生成长与全面发展的促进者。学生社区兼具集体属性、群体属性和社会属性，因而更有利于健全德智体美劳全面培养体系。辅导员在学生社区开展工作过程中，要认识到学生社区所承载的功能及其可发挥的作用，进而结合学生的实际情况（如专业背景、年龄、家庭背景等）

有针对性地培养学生的健全人格、社会能力、专业能力等。同时，辅导员要善于从高校学生学习生活需求出发，加强与学生沟通互动，了解大学生在学习和成长过程中的各种问题，围绕学生发展需求对"一站式"学生社区管理工作方式方法进行创新，进一步提升管理的针对性、有效性。

2. 打造全面发展育人空间，创新育人发展机制

高校辅导员在学生社区开展育人工作过程中，要主动拓展学生社区育人空间，打造师生全面发展和师生良好互动的空间和机制。辅导员要主动参与高校学生社区管理工作，可以选择部分宿舍楼作为试点，对宿舍楼的空间进行改造升级，并将德智体美劳"五育"元素融入改造过程，使宿舍楼成为"五育"重要场域。① 围绕学生需求开展新生适应、心理健康、社会主义核心价值观普及和职业发展等主题教育。② 加强学生社区学风建设，开展同辈讲堂、图书阅读活动，引领学生形成良好学习风尚。③ 积极引导学生参与体育锻炼，宣传体育精神，培养学生良好体育习惯。④ 开展文化育人工作，通过"最美宿舍"评选、社区文化墙装饰等活动，将中华民族优秀传统文化引入学生社区，打造特色"楼宇文化"。⑤ 持续挖掘学生在日常生活中的劳动教育资源，引导学生开展并参与社区劳动实践活动，设置社区安全检查员、卫生检查员等实践岗位，帮助学生树立正确的劳动观。辅导员要建立社区师生互动反馈机制，加强学生沟通互动，推进思想政治教育工作进社区。社区功能的多样化为辅导员进驻高校学生社区开展相关工作提供了空间和保障。物理空间距离的缩近，帮助辅导员随时随地了解学生当前在学习、就业、生活、思想方面的困惑和问题，并有针对性地为学生制定个性化解决方案，提升辅导员工作的精准度和针对性，更好地满足高校学生成长诉求。当前，大学生正处于"拔节孕穗"的关键期，辅导员入驻学生社区后，更应该发挥主观能动性，主动参与"一站式"学生社区管理工作，加强与学生沟通互动，拉近与学生之间的情感距离，更好地服务学生、关照学生，形成共同的价值追求和情感体系，实现辅导员工作与学生成长"双赢"的目标。

3. 实行前置性教育模式，引导学生健康成长

辅导员在学生社区育人工作中要善于将育人资源进行多功能转化，将碎片化的资源挖掘整合，融入"一站式"学生社区育人工作中。首先，辅导员应持续完善社区学生组织建设，不断完善"社区—楼栋—楼层—宿舍"四级体系搭建，形成"辅导员—楼长—层长—寝室长"四级管理队伍。通过精准化对接开展指导，实现"辅导员深入社区，学生参与社区事务"双向互动，强化学生自我管理的参与感。持续加强学生公寓文明教育，以常态化文明卫

生检查为抓手，加强安全教育，落实宿舍舍长责任制、楼层长长效检查机制，发现问题及时向社区辅导员反馈。开展"建设安全文明社区"宿舍长培训会，通过案例强调社区安全文明建设的重要性和必要性，明确在宿舍生活中应注意的"宿舍安全""宿舍反馈"等多方面问题。开展"安全教育"主题班会，做好宿舍长业务保障，有助于更好、更合理地团结宿舍、服务宿舍，将一些问题前置性处理，为打造安全文明社区贡献积极力量。其次，辅导员在社区育人工作中要始终将心理健康安全作为底线，重点关注学生的心理疏导。学生社区是大学生心理健康不可忽视的重要阵地，辅导员应定期邀请心理中心老师"下沉社区"与学生进行谈话，做心灵的守护者。同时，辅导员要利用日常交流、日常社区活动等途径，加强与学生的心理沟通，通过温馨的交流和关怀，潜移默化地疏解学生内心的堵点和问题。另外，辅导员还要加大对心理委员和宿舍长的培训力度，掌握大学生常见心理问题的表现和应对措施，熟悉心理委员的工作内容，引导宿舍长树立高度的安全责任意识、建立良好的宿舍文化氛围、发挥优秀的榜样示范作用，与宿舍长一起帮助学生树立正确的世界观、人生观、价值观。

第四节　导师队伍建设

学生社区导师队伍的工作水平直接关系学风乃至校风的建设水平，关系学校的人才培养质量，关系学生的素质。为更好地引导导师做好学生社区学生学业和科创目标教育，江苏大学特构建"四航四助"体系（理想价值教育导航——助力成人，职业发展教育引航——助力成事，学业发展教育领航——助力成才，身心健康教育护航——助力成长），对学校学生社区导师队伍提供工作重点、工作内容的帮助和指引。

一、学生社区学业导师队伍建设

（一）学生社区学业导师队伍建设的价值意蕴

学业导师充分发挥专业教师在大学生学业发展过程中的指导作用，是学校学生社区学生教育培养工作队伍的重要组成部分。学业导师作为学生社区的重要成员，其队伍建设直接关系立德树人教育理念的深化和实践。建设专业化的学业导师队伍，能够更有效地落实立德树人的根本任务，培养学生的道德品质和社会责任感。

学业导师的工作水平直接关系学校的人才培养质量。加强学业导师队伍建设，提升导师的专业素养和教育能力，能够为学生提供更高水平的学术指导和生活指导，促进学生的全面发展。学业导师在学生社区中扮演着重要角色，他们不仅仅是学生的学术指导者，更是学生的心灵导师和人生导师。建设专业化的学业导师队伍，能够增强学生社区的凝聚力和向心力，促进学生社区的和谐稳定。学业导师队伍建设也是落实全过程育人理念的重要举措。建设一支高水平的学业导师队伍，能够实现全员育人、全过程育人、全方位育人，将立德树人融入学生教育、管理、服务各环节，促进学生的全面发展。

（二）学生社区学业导师队伍的角色使命

1. 学生理想价值教育的导航者

大学生是社会主义现代化建设的接班人，其理想信念的树立对国家富强和社会发展意义重大。在大学生的理想信念生成过程中，学业导师有着至关重要的作用。首先，学业导师是学生理想价值教育的关键引导者。理想价值是学生们的精神支柱，是人生的指南针，学业导师具有丰富经验和深厚学识，可以帮助学生明确自己的理想，并为实现这一理想提供指导。导师通过与学生深入交流，能够帮助学生发现并了解自己的能力，从而使学生明确自己的方向和目标，克服困难，实现自己的梦想。与此同时，理想能够让学生更加明确自己的价值。人生价值要求实现人生理想，人生理想是人生价值的体现，人生理想创造了人生价值。在这个过程中，学业导师需要帮助学生树立正确的世界观、人生观和价值观，鼓励学生追求自己的梦想，从而更好地认识自己，确定自己的定位。其次，学业导师是学生理想价值教育的实践者。学业导师以自身的经历和成功案例向学生展示追求理想的价值和意义，他们鼓励学生勇于尝试、不怕失败，培养学生的创新精神和解决问题的能力。这种实践性的教育方式，使学生更加明确自己的目标，也更有动力去追求自己的理想。最后，学业导师是学生理想价值教育的支持者。学业导师可倾听学生的困惑和疑虑，对其提供必要的支持和帮助，鼓励学生保持积极的心态，面对困难不放弃，始终保持对理想的热情和执着。这种支持性的环境，有助于培养学生的自信心和坚韧精神，使学生更有勇气去追求自己的理想。

2. 学生职业发展教育的引航者

在当今竞争激烈的社会，大学生的职业发展已经成为一个备受关注的话题。作为即将步入社会的一群人，大学生需要了解并掌握一些策略并做好准备，以应对未来的职业挑战。职业发展是一个持续的过程，涵盖了多个阶段和步骤。从大一到大四，学生需要制定和实施不同的策略，在这个过程中，学业导师的作用不容忽视。学生社区学业导师通常具有丰富的行业经验和专业知识，能够近距离帮助学生了解行业发展趋势和就业前景。通过全过程陪伴和与学生的交流，学生社区学业导师可以帮助学生深挖自身的潜力和兴趣，并为其量身定制职业规划建议，帮助其在每个时期对未来职业规划做出调整，由此来克服职业发展中的挑战。这有助于大学生更好地定位自己，为未来的职业生涯做好准备。此外，大学生的职业生涯不应局限于他们所学专业。事实上，许多行业和职位都需要跨学科的知识和技能。因此，大学生应该拓宽视野，尝试接触不同的领域和职业，以便找到最适合自己的职业方向。在求职过程中人们会发现，许多大学生在职业发展过程中面临着缺乏实际工作经验的问题，而学业导师在专业领域中积攒了丰富的社会资源，学业导师可以鼓励学生参与社会实践和工作实习，甚至从低年级就可以开始专业实习。这种情况下，学生能够尽早接触到相关专业实践与业务要求，提高自身的实践能力和社会生存能力，增强自信心和竞争力。

3. 学生学业发展教育的领航者

在教育改革的推动下，为改变传统教学模式中学生对教师和教学安排的依赖，我国开始全面实施完全学分制度，设置学业导师的角色，帮助学生完成学业并获得相应的学分。面对改革的目标，各大院校应对学业导师进行培训，使教师认识到自主学习能力的重要性。在完全学分制下，要发挥教师对学生的引导和帮助作用，增强学生学习的自主性，有针对性地提高学生的学习能力，促进学生全面发展。学生社区学业导师是学生学业进步的关键驱动力，起着学业指导的作用。学业指导的主要目的和任务是最大限度挖掘学生潜能，帮助其顺利完成学业，促进学生更好地发展，这是高校在人才培养过程中贯彻"以学生为中心"教育理念的具体体现。学业导师深入社区开展育人工作，通过各类讲座和课程分享，帮助学生近距离感受学业和知识的重要性，帮助学生树立学业对个人的发展和成长有至关重要作用的意识。学业导师的学术魅力，也会潜移默化地影响学生，促使他们不断进步，不断积累知识和技能，提高自己的认知和分析能力。

4. 学生身心健康教育发展的护航者

在大学教育中，学业导师不仅提供学术指导，还扮演着促进学生心理健康、增强学生身体素质和培养学生积极心态的重要角色。学生社区学业导师是学生心理健康的守护者。在大学生活中，学业压力和心理困扰是常见的挑战，许多大学生在面对学业压力、人际关系困扰和职业规划困惑时常常感到无助和迷茫。如果没有良好的心理状态，他们很难顺利度过这个阶段。心理健康的重要性在于它对于学习效果和自我发展的直接影响。江苏大学构建"学业导师+辅导员+心理教师"三融合社区心理育人模式。学业导师在学生社区开展学业指导和规划过程中，与入驻学生社区的辅导员和心理教师相配合，通过与学生深入交流，他们能够及时发现相关问题，并提供心理支持和反馈，帮助学生处理压力，增强自信心，提供应对困难的方法，使得有心理问题的学生人数持续下降。学生社区学业导师是学生身体素质提升的推动者。身体是革命的本钱，保持身体的健康对于大学生而言至关重要。首先，身体健康是实现个人发展的基础，只有拥有健康的身体，才能无后顾之忧地专注于学习和发展自己的能力。其次，健康的身体有助于提高大脑的运转效率，增强记忆力和思维能力。同时，身体健康还能提高机体免疫力，降低患病概率，提高生活质量。许多大学生在繁重的学业压力下容易忽视自身的身体健康。学业导师通过组织体育活动、健康讲座和健身课程，鼓励学生积极参与体育锻炼，培养健康的生活方式。他们还提供营养建议，帮助学生制订合理的饮食计划，以增强身体素质。学生社区学业导师还是学生积极心态的培养者，学业导师通过引导学生树立正确的人生观、价值观和世界观，培养他们积极向上的人生态度，鼓励他们面对困难时保持乐观，激发他们的潜能和创造力，同时培养他们的团队协作精神和领导能力。

（三）学生社区学业导师队伍建设的具体探索

1. 理想价值教育导航——助力成人

理想信念是人生之基，是能否真正承担起社会主义现代化建设重任的首要前提。为做好理想价值教育，江苏大学学业导师在学生社区实现对学生全时性陪伴和全程性辅导。学业导师在大一初期引导新生尽快适应大学新生活，让学生尽快实现由中学生到大学生的角色转变；引导学生社区的学生积极参加各类学生组织和兴趣社团，丰富其自身的大学生活，方便其快速找到自己的兴趣；定期开展学风建设系列活动，指导学生做好大学生活规划，召开以大学生活规划为主题的班会，引导学生社区学生充分认识自己、明确自身的优缺点、关注社会发展、确立奋斗目标，围绕奋斗目标做好大学生活规划，营造"比学赶超"的学习氛围。在大二、大三学年，当学生学习到本专业的基础知识后，学业导师鼓励有需要的社区学生积极进实验室进行实践操作和学习，引导和鼓励他们参加科研立项、工业中心的创新项目及各类电子设计竞赛，培养其自信心，促使其全面发展。处于大三下学期的学生，最常见的问题就是在宿舍里消磨时间，学业导师此时需帮助他们做好发展规划，明确未来目标，走出迷茫。

　　2. 职业发展教育引航——助力成事

　　为做好职业发展教育，学生社区学业导师在大一、大二期间针对班级学生具体情况，鼓励学生参加大学生职业生涯规划大赛，并参加职业测评，撰写职业规划书。同时，学业导师还鼓励学生参加简历大赛，通过比赛让学生总结大学的学习与生活，做好人生下半场规划，树立未来理想目标。进入大三，学生开始关注就业，导师可以提供一些招聘会信息，引导学生参加，学生可以亲身体验企业的招聘流程，了解各个岗位的具体要求，提前积累经验，为以后的工作争得优势。大三下学期是决定人生未来走向的关键时期，学业导师可帮助学生确定考研、出国、找工作等具体的毕业目标。如学业导师帮助求职学生对简历进行修改完善，对求职意向地区、行业岗位要求、薪资待遇进行摸底，为企业招聘进行精准推荐。大四第一个学期是就业求职的高峰期，但极个别学生会因自身原因而就业意向不强烈，学业导师要及时深入地了解学生做出这种选择的具体原因，做好个体的指导和教育工作。学业导师还应关注并组织学生参加各类校园招聘活动，到专场招聘会现场、大型双选会现场向企业推荐毕业生并为学生进行现场就业指导。

　　3. 学业发展教育领航——助力成才

　　一方面，学生社区学业导师是学生自主学习的帮助者和规划者。在传统教育环境中，由于师生地位存在严重的不平等，学生与教师的沟通存在较大障碍，而学业导师制的实施可转变教师的教育角色，使其由知识传授者转变为学习帮助者。面对学生自主选择的课程和学习内容，学业导师深入社区指导学生选课，掌握学生修读学分情况，帮助和指导学习困难学生，使学生顺利完成学业；根据学生的知识能力水平和发展方向，帮助学生制订更具个性化的培养方案和学业生涯规划，明确学业方向和人生目标。另一方面，学生社区学业导师可作为学生学习的监督者，客观地评价学生自主学习情况，给予学生更加合理的建议。如帮助学生熟悉专业培养目标、毕业要求、课程体系等内容；介绍专业发展的最新动态，做好专业导论基础工作，激发学生专业归属感和学习兴趣。同时，学业导师还应监控学习计划的落实情况，评价学生提交的学习报告、论文内容、学习笔记等。对学生正确的学习态度，学业导师要及时支持，鼓励学生更加积极地开展自主学习活动。而面对学生的负面情绪和没有修完学分的情况，学业导师应帮助学生端正学习态度，指导学生掌握科学的学习方法，为学生提供合理的建议，解决学生的学习问题，使学生更加顺利地完成学业。

在大一开学初期，江苏大学学业导师会引导学生尽快适应大学生活，转变学生角色，做好大学生学业规划工作，向学生介绍大学学习方法，以及大学上课、休息等相关要求，引导学生合理分配时间，注重强调大学学习生活与高中学习生活的差别，引导学生利用好空余时间，规划好每周的学习生活。江苏大学开展晚自习活动，学业导师会引导大一新生正视晚自习。每学期学生会填写《学业规划书》，学业导师通过查看学生《学业规划书》的完成情况，引导学生重视自我管理教育，提高自我管理的意识。在每学期初，学业导师会召开班级会议，总结分析上学期班级工作、学生学习成绩等情况，通过谈心谈话、交流会等形式了解学生思想动态，督促补考学生加紧复习，做好考风诚信教育和重修选课工作，做好心理疏导和学习督促指导。除了掌握开学初学生的思想动态外，学业导师还需掌握学生的考研意向，可邀请当年考研优秀学子分享考研经验，帮助有考研意向的学生做好目标规划，注意学生学习方法与能力的养成和提升。除理论知识外，学业导师还需做好科研立项工作，以及校级电子设计竞赛、"星光杯"大学生创业计划竞赛预赛、"互联网+"大学生创新创业大赛校级选拔赛等赛事的宣传指导工作，引导学生积极报名参与，鼓励学生参加暑期社会实践与支教宣传报名，增强学生的实践意识。而学生作为指导过程中的另一个行为主体，不仅要积极参与，还要分担责任。在指导过程中，导师应鼓励学生自我决策，学生学业规划和人生目标最终由学生自己决定，导师主要是帮助其确认、明晰选择，并分析该选择可能产生的结果。

4. 身心健康教育护航——助力成长

为做好身心健康教育工作，江苏大学学业导师在开学初期便深入学生的学习生活，了解学生心理动态，掌握学生的家庭情况，为后面选拔班委、评定贫困生建立基础。学业导师要做好安全教育工作：引导学生按照突发事件处理流程处理突发事件，做好安全保护；引导学生参加体育锻炼，增强大一新生体育锻炼意识；指导新生召开宿舍卫生及安全主题班会，讲解寝室安全知识，预防寝室安全问题，构建良好的宿舍人际关系；组织学生参加心理普查，关注班级学生心理普查结果，密切关注普查结果异常学生的日常行为表现，发现问题及时上报学校心理咨询中心。学业导师同时需注意心理健康教育工作的开展要注重隐私性，注重工作的方式方法，避免引起反效果。高年级学生容易出现纪律意识淡薄的情况，因此学业导师在日常工作中要注重增强毕业生的纪律意识，通过强化纪律要求，加强安全教育工作。学业导师要关心关爱考研学生，为考研学生鼓劲，增强学生信心。毕业生的重修考试往往会因对顺利毕业产生影响导致学生有较大的压力，学业导师要特别关注重修学生的复习情况，及时给予其鼓励和指导。学生社区学业导师在学生的求学过程中扮演着至关重要的角色，他们既是学生学术上的指导者，也是学生人生路途中的引路人。通过学业导师的支持和指导，学生能够更好地理解自己的潜力，应对挑战，并建立良好的学术道德和诚信。

二、学生社区研究生导师队伍建设

近年来，国内越来越多的高校尝试改变研究生管理模式，探索"书院制"人才培养改革，凭借书院在研究生成长过程中时间、空间、导师、学生活动等方面的优势，构建研究生教育的新载体、新平台、新高地。教育部《关于全面落实研究生导师立德树人职责的意见》指出，研究生导师是研究生培养的第一责任人，立德树人是研究生导师的首要职责。研究生导师是书院模式下落实"三全育人"的重要主体，也体现了"以生为本"的通识教育的发展理念。作为学生社区建设的重要组成部分，研究生导师立德树人根本任务的落实和拔尖创新人才的培养密切相关，同时也为学生的个性教育与全面发展提供了有力支持与保障。为充分发挥研究生导师在书院育人模式中的作用，首先要明确书院模式与研究生导师的协同关系，进而优化书院模式下研究生导师立德树人的实践路径，助力学生发展，落实育人成效。

（一）学生社区研究生导师队伍建设的价值意蕴

教育界不少学者在调查研究中发现，高校研究生总体上治学态度积极乐观，认同主流价值，具有较强的社会公德意识。但是，也有不少研究生思想行为存在一定的偏差，具体表现有：心理弹性差，焦虑心态频发；普遍较"宅"，沉迷网络游戏，缺乏户外运动；学习价值和目标迷茫，一定程度上存在功利主义和浮躁之气；患有"延缓偿付期"延长综合征；等等。"大思政"格局下现代高校思想政治教育工作也存在一些薄弱环节，主要包括：在社会实践引导研究生了解国情社情的导向性和功能性方面还需提高；思政元素融入校园文化活动不够；网络思政的覆盖面和吸引力有待提升；等等。基于现代高校思想政治教育工作存在的薄弱环节，为将育人力量压实到思政工作一线，教育部明确提出要"积极推动高校建立书院制学生管理模式"。高校要从育人理念、机制、主体、文化等方面着手，打造以研究生导师为第一责任人的多主体协同育人"共同体"，提升书院制育人的实效性。

（二）学生社区研究生导师队伍的角色使命

由德国著名物理学家赫尔曼·哈肯创立的协同理论，主要研究与稳态偏离的开放系统，通过自身子系统的协同作用，最终实现有序的过程。协同理论广泛适用于教育、管理等社会科学研究领域。研究生导师的立德树人在目标、主体、内容、路径等各层面均包含相对独立又普遍联系的子要素，在协同理论的指导下，实现各子要素的协同配合，既遵循高等教育的一般规律，又能形成育人合力，符合全员育人、全过程育人、全方位育人的总体要求。这对落实习近平总书记对研究生教育工作的重要指示精神和全国研究生教育会议精神，以及培养全面发展的高层次专门人才具有重要意义。①

1. 立德树人根本任务的指导者

"三全育人"综合改革是高校落实立德树人根本任务、推进教育现代化和建设高质量教育强国的重要举措。教育部党组印发的《高校思想政治工作质量提升工程实施纲要》构建了"十大育人"体系，提出："全面统筹办学治校各领域、教育教学各环节、人才培养各方面的育人资源和育人力量，推动知识传授、能力培养与理想信念、价值理念、道德观念的教育有机结合，建立健全系统化育人长效机制。"② 研究生教育处于国民教育的顶端，肩负着培养高层次人才的使命，对服务国家发展和民族复兴关键领域技术攻关与基础理论突破具有重要的引领和支撑作用。研究生导师作为研究生成长的指导者和引路人，必须将各育人要素统筹联动，建立形成一体化的长效育人制度和模式。

2. 协同育人内涵发展的实践者

我国研究生教育经过改革开放后的迅速发展期，目前的重点已经逐步从外延拓展向内涵聚焦转变，质量作为研究生教育的生命线愈加受到重视。2014 年，全国研究生教育质量工作会议进一步明确，将提高质量、内涵发展确立为新时期研究生教育的核心任务。③ 全国研究生教育会议之后，多部门出台《关于加快新时代研究生教育改革发展的意见》，提出坚定走内涵式发展道路的目标指向，明确把检验研究生教育工作的根本标准聚焦到对立德树

---

① 王志伟. 协同理论视域下研究生导师立德树人研究 [J]. 思想教育研究，2022 (3)：147.

② 中共教育部党组关于印发《高校思想政治工作质量提升工程实施纲要》的通知 [EB/OL]. (2017-12-06) [2023-12-30]. http://www.moe.gov.cn/srcsite/A12/s7060/201712/t20171206_320698.html.

③ 刘延东. 在全国研究生教育质量工作会议暨国务院学位委员会第三十一次会议上的讲话 [J]. 学位与研究生教育，2015 (1)：3.

人成效的评价上。① 提高培养质量，研究生导师是"最后一公里"，但绝不是唯一的责任者和实践者，其过程中包含了诸多配合主体、支撑资源。这也就要求导师把立德树人的各要素、各环节协同起来，进一步向新任务、新使命上聚焦，做到同心同向同行。

3. 导学"第一责任人"的落实者

导师是研究生培养的"第一责任人"，这是对导师在研究生教育中关键性、重要性的凸显。但近年来，有些高校先后出现了导师与研究生之间导学定位失准、平等地位失衡、和谐关系失序等负面案例。一些导师将导学关系畸形解读为"雇佣关系""从属关系"，部分研究生教育单位中的管理部门、责任主体、配合单元对营造积极导学关系和教风学风的作用发挥不够，从而产生了不良的影响和后果。因此要推进导师回归研究生教育本职，就必须进一步以导师的学术权威性为中轴，协同调动各方资源向研究生培养的主责主业倾斜，构建起目标一致、步调一致的协同配合机制。

（三）学生社区研究生导师队伍建设的具体探索

1. 坚持正确思想引领，尽心尽力投入指导

习近平总书记在清华大学考察时指出，"我国社会主义教育就是要培养德智体美劳全面发展的社会主义建设者和接班人。我国高等教育要立足中华民族伟大复兴战略全局和世界百年未有之大变局，心怀'国之大者'，把握大势，敢于担当，善于作为，为服务国家富强、民族复兴、人民幸福贡献力量"。② 这就要求研究生导师坚持指导行为准则，坚持正确思想引领，尽心尽力投入指导，既要促进研究生个体的发展，又要为社会培养栋梁之材。江苏大学在学生社区楼栋设置研究生导师工作站，选聘优秀研究生导师下沉到学生社区，研究生导师均从专业教师中选聘，以著名专家教授、知名学者或者学科带头人、骨干教师优先，同时充分发动院系领导做表率，带头进驻学生社区，做好学生思想引领和科研指导工作。研究生导师定期下沉到学生社区，将最优质的专业教育资源配置到学生身边，让学生可选择、可感受并且随手可得，同时充分发挥知名教授、知名学者在学生群体中的"引领力""权威性"和"话语权"，开展"名师讲坛进社区"活动。知名教授、知名

① 教育部, 发展改革委, 财政部. 教育部　发展改革委　财政部　关于加快新时代研究生教育改革发展的意见 [J]. 中华人民共和国国务院公报, 2020 (34): 72-76.
② 习近平在清华大学考察时强调　坚持中国特色世界一流大学建设目标方向　为服务国家富强民族复兴人民幸福贡献力量 [N]. 人民日报, 2021-04-20 (1).

学者入驻学生社区，深入学生、贴近学生开展育人工作，切实发挥其在育人工作方面的正向引领作用。他们将用深厚的理论功底、丰富的专业储备、扎实的专业技能帮助学生，解决学生实际科研学术问题，以正向的人生态度、丰富的人生阅历、严谨的治学精神引导学生健康成长。

2. 推动全员协同育人，形成有效育人合力

立德树人工作的复杂性与系统性决定了高校需凝聚共识，并加强各个育人主体间的协同，在各司其职、相互配合中发挥育人合力。第一，发挥研究生导师的主体功能。作为研究生培养的第一责任人，研究生导师在立德树人工作中担当组织者和主要实施者的角色，这就要求研究生导师与研究生其他育人主体建立经常性互联互动的稳定关系，在研究生就读的整个周期内，通过定期召开学生社区交流会议、研讨会议等形式增进融合，不断提升协同育人、协作育人能力。第二，推动研究生导师与学生社区辅导员形成育人凝聚力。研究生导师与学生有着天然的沟通需求和沟通条件，拥有育人节点更多、思想引领浸润时间更长的优势，结合社区辅导员对育人政策和导向有更好的把握与工作内容更加贴近学生日常生活的特点，研究生导师要通过与社区辅导员进行定期和定点沟通，来提升立德树人工作的专业度、亲切感与实效性。第三，提升研究生导师与专业课教师的育人契合度。课程是立德树人的重要阵地，要加强导师与专业课教师的联动，推动建立书院的研究生导师与专业课教师的稳定沟通机制，促进专业课教师从立德树人根本要求出发，结合学科专业、教学特点、教学内容、学生思想动态和成长成才需求，推动专业知识教学与道德教育、真理传播相契合。第四，构建"导师+研究生+本科生"的导学团队。研究生导师以"坐诊"答疑形式为主，以线上交流、座谈讨论、专题讲座、学术报告、社会实践等形式为辅，对研究生开展"德、智、体、美、劳"全方位指导和引领；对书院本科生开展贯通四年的"价值塑造、能力提升、知识传授"。第五，在书院层面上，优化管理、强化服务。要建立多部门协同联动的工作体系，通过导师立德树人能力培训、氛围营造、质量监督和评价反馈，加强对研究生导师立德树人工作的宏观指导与组织协调。第六，研究生导师要充分挖掘与利用自身资源，保障立德树人工作的开展。研究生导师要坚持走出去和引进来，既要带领研究生从校园内走出去，引导、推动研究生参与社会服务活动，培养研究生奉献、友爱、互助的志愿精神，又要将社会资源引进书院及社区，通过导师自身的校友及行业资源，借助企事业单位、其他社会组织等校外力量，开阔研究生视野，提升研究生格局，为他们埋下科研报国的种子，通过发挥全员育人合力，不断

提升研究生服务社会主义现代化强国建设的责任感、使命感。

3. 强化导师心理指导，关注学生心理成长

研究生导师作为研究生创新品格培育、思想政治教育与科研能力提升的综合执行者，其立德树人工作应涵盖研究生的学习、科研、品德及生活等各个方面。此外，研究生群体成人成才的需要是多种多样的，从这个意义上说，研究生导师需要同时兼顾多个维度。第一，导师是研究生成长、成人、成才最直接、最近距离的引路人，更是研究生学习模仿的榜样。书院研究生导师既要守好科研和课堂主渠道，又要兼顾思想教育的核心任务，把红色基因作为研究生思想政治教育的重要内容，运用社区讲座和沙龙等形式，将课程思政嵌入其中，帮助学生坚定理想信念，树立正确的世界观、人生观、价值观，厚植爱国主义情怀。第二，教育帮助研究生加强心理建设，唤醒研究生的学术激情。立德树人就是要培养德才兼备的栋梁之材，研究生导师要通过相应的社区活动加强研究生的心理素质建设，尤其是学生在学业和生活中遇到挫折时，要及时围绕这些挫折提高研究生的专业精神、心理素养，通过面对面零距离沟通，因地制宜地开展社区科研项目和学术交流活动，分散学生的注意力，纾解学生的科研压力，在育人实践中提升发现问题、分析问题、解决问题的能力。研究生导师要积极深入学生社区，一方面可以通过学生社区辅导员关注研究生的心理健康情况，了解研究生的生活与家庭状况，以及行为特点、偏好；另一方面也可以通过社区活动开展心理抗挫折教育，提高研究生的抗压能力和敢于面对困难的良好心理素质，通过良好的师生互动，构建和谐稳定的师生关系。

4. 推动导师能力提升，发挥立德树人成效

立德树人和研究生导师育人能力对社区研究生人才培养有着重要的意义，只有深入贯彻落实立德树人根本任务，提升社区入驻的研究生导师育人能力，才能培养出更多高素质的人才。第一，研究生导师下沉到学生社区，需要不断提升研究生导师育人能力，充分发挥课程育人的功效。研究生导师要以课程为重要载体，不断更新知识和创新方法，将思政元素和专业元素引入教师课堂，将最新的科研成果、学科和行业前沿动态融入课堂，将课堂真正地转移到社区学生身边，实现学生思想和专业素养同步提升，同时研究生导师在社区新的场域内开展育人工作，需要重视教学方法的变革，由灌输式向启发式、研讨式、案例式等教学方式转变，由"大水漫灌"向"精准滴灌"转变，充分了解身边学生情况，不断激发学生主动思考和积极探究难题的能力。第二，研究生导师在社区开展育人工作，需要不断提升科研育人能力，发挥科研育人成效。科研是研究生教育的重要环节，研究生导师需要不

断提升个人学术水平，树立良好的学术道德。首先，在学生社区育人中，研究生导师要真正地将科研引入学生社区，引导学生参与科研项目，给予学生充分的科研实践机会，培养学生的科研能力和创新意识。其次，研究生导师通过在学生社区开展"学术道德"主题讲座等方式，注重引导学生树立正确的学术价值观和科学意识，强化学生的学术规范意识和知识产权意识。最后，研究生导师下沉到学生社区，需要转变育人观念，积极拓展丰富的社会资源，不断提升研究生导师服务育人能力，身体力行地持续强化研究生的社会责任感和服务意识。一方面，导师要积极引导学生参与社区和社会的服务活动，开展志愿服务和公益宣传，培养学生的责任感和公益意识。另一方面，导师要注重与企业合作，开展校企合作和科研创新活动，帮助学生提前了解企业需求和行业发展，提高实践能力和就业竞争力。

近年来，国内越来越多的高校尝试改变研究生管理模式，探索"书院制"人才培养改革，凭借书院在研究生成长过程中时间、空间、导师、学生活动等方面的优势，构建研究生教育的新载体、新平台、新高地。现代高校书院制育人模式是以"一站式"学生社区为空间载体，把思政、管理、服务、学业、心理、资助等育人力量增强到教育管理服务学生一线，将学生社区从生活园区升级为集学生思想教育、师生互动、学术交流、文化活动、生活服务于一体的"一站式"教育生活园地，从而形成大思政格局下的学生教育生活成长共同体。教育部《关于全面落实研究生导师立德树人职责的意见》指出，研究生导师是研究生培养的第一责任人，立德树人是研究生导师的首要职责，是书院模式下落实"三全育人"的重要主体，也体现了"以生为本"的通识教育的发展理念。作为书院建设的重要组成部分，研究生导师立德树人根本任务的落实和拔尖创新人才的培养密切相关，同时也为学生的个性教育与全面发展提供了有力支持与保障。为充分发挥研究生导师在书院育人模式中的作用，首先要明确书院模式与研究生导师的协同关系，研究生导师在遵循导师指导行为准则的基础上，优化书院模式下研究生导师立德树人的实践路径，助力学生发展，落实育人成效。

第五节 江苏大学实践："一站式"学生事务与发展平台

为充分发挥"一站式"学生社区服务学生成长成才的功能，切实解决学生事务管理服务碎片化、办公地点分散化、部门数据孤立化的难点问题，江苏大学紧紧围绕立德树人这一根本任务，秉承"以生为本、高效服务"的工作理念，探索学生社区事务管理服务新模式，践行"一线规则"，在学生社区内成立"大厅式、一站制、专业化"的"一站式"学生事务与发展中心。自 2018 年 1 月 15 日正式启用以来，中心秉承"一心三航"工作理念——以学生为中心、管理制度领航、考核制度护航、业务优化续航，不断拓展服务内容，不断提升服务效能。中心构建智慧服务平台，打通数据壁垒，推动流程再造，实现了队伍入驻"一条龙服务"、学生参与"一揽子提效"、保障支持"一盘棋统筹"的目标，发挥了融入式、嵌入式、渗入式的学生社区育人协同效应，学生社区管理更趋精细智能、学生社区服务更趋优质高效。

一、中心运行情况简介

1. 基本情况

中心服务大厅坐落在学苑楼二楼，毗邻宿舍楼栋、食堂、浴室，是学生学习、生活的中心区域。中心建筑面积 630 平方米，其中服务大厅面积 460 平方米，设有服务窗口 23 个，另有办公室、会议室、档案室、咨询服务台（图 5-5-1）。中心整合 12 个部门，协同开展育人工作。

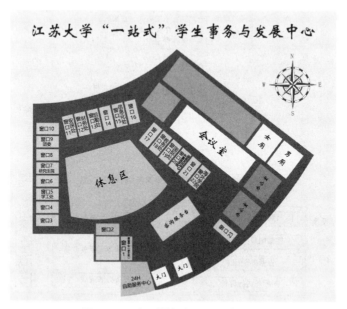

图 5-5-1　中心服务大厅平面布置图

2. 组织运行模式

中心的建设是学校贯彻"以学生为中心"办学理念和提升学生事务管理

服务水平的重要举措。中心挂靠学生工作处，设主任全面负责中心建设和管理工作，设常务副主任具体负责中心各项日常事务。中心对各窗口派驻人员进行统一设岗、双重管理；实行 AB 岗制、全权代理制、首办负责制和办结限时制等基本制度（图 5-5-2）。

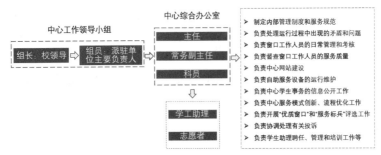

图 5-5-2　中心组织运行模式

3. 服务模式

中心以"一站办结、一网通办、一键办理"为服务目标，遵循"应入尽入、能线上不线下、全天候不间断"的服务原则，不断扩大服务范围，打通数据壁垒，推动窗口、网上、自助三种服务模式融合运行（图 5-5-3）。

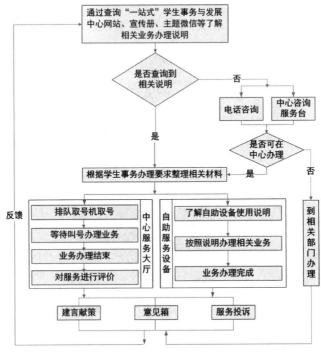

图 5-5-3　"一站式"学生事务与发展中心业务办理流程图

（1）窗口服务事项

中心服务大厅设有办事窗口 23 个，提供服务 182 项。每个工作日下午，由专职教师在窗口为学生现场办理业务。窗口严格执行取号叫号制度，业务办理前，工作人员会查验票号，保证业务办理的有序性。业务办理结束之后，邀请学生对窗口服务进行评价，监督服务质量。大厅内侧预留 2 个临时窗口，可根据师生需求随时引入外界社会性服务。

① 学生工作处：本科生学生证及火车优惠卡办理；助学贷款政策咨询；短期境外交流项目及资助政策咨询；学业规划书补办；就业创业政策咨询；就业材料办理；等等。

② 安全保卫处：学生户籍迁入和迁出；学生户籍借用；校内活动申请；大学生义务兵政策解读；等等。

③ 团委：科研立项结题；团组织关系转入转出；等等。

④ 教务处：本科生选课咨询；退课退教材办理；学分替换办理；学籍与学分相关事宜咨询；大学生创新创业训练计划项目费用报销登记；等等。

⑤ 党委研究生工作部：研究生学生证及火车优惠卡办理；"三助"工作岗位咨询；研究生日常管理咨询；等等。

⑥ 国际合作与交流处：留学规划及咨询服务；校际交换交流项目咨询及材料收集、审核；学生境外交流申请审批；出国交流协议签订；等等。

⑦ 数据与信息化处：校园网相关问题咨询办理；校园一卡通相关业务咨询办理；校园电子邮箱业务咨询；校园 VPN 业务咨询；综合门户密码修改；多媒体教室审批；等等。

⑧ 财务处：学生收费/退费咨询；学生助学贷款余款发放不成功款项办理；学生奖助学金发放不成功款项办理；等等。

⑨ 后勤管理处：一卡通现金充值；学生宿舍电量划拨咨询；学生后勤实践活动办理；后勤服务保障咨询及投诉；信封信纸销售；等等。

⑩ 职工医院：公共卫生咨询；医保政策咨询；突发急诊服务；等等。

⑪ 语言文化中心：英语学术论文润色；外语学习测试辅导、咨询和答疑；外语培训咨询报名缴费；等等。

⑫ 海外教育学院：留学生住宿办理；留学生学生证注册；留学生签证办理；等等。

（2）自助服务设备服务事项

中心设有多种自助服务设备，包括自助证书证明打印机、圈存查询一体机、一卡通自助补卡机、公用电脑、自助文印机、共享打印机等，提供 105

项自助服务。为解决学生办事、上课的时间冲突问题，中心在教学区和学生社区分别建成 24 小时自助服务区，以便更好地落实"以生为本"的服务理念。

① 自助证书证明打印机服务内容：中英文成绩单、荣誉证书、奖学金证书、在读证明、四六级成绩证明、计算机等级证明、毕业证及学位证英文翻译件等。

② 一卡通自助补卡机服务事项：补办校园卡；卡片校正；银校转账；修改消费限额；修改查询密码及消费密码；自助领取过渡余额；等等。

③ 圈存查询一体机服务事项：自助购电；小钱包充值；上网账号充值；一卡通余额查询；建立或撤销转账关系；卡与电子账户互转；等等。

（3）派驻单位网上服务事项

中心依托智慧校园建设工程，将迎新系统、离校系统、教务管理系统及学工管理系统等集结于一体，补充再造线上业务 75 项。学生可通过电脑端、手机端即时办理业务。

① 学生工作处：学生宿舍变动申请；学生社区开展宣传活动申请；《就业推荐表及协议书》补办申请；大学生创新创业基地入驻申请；本科生单项奖申请；等等。

② 教务处：本科生成绩查询；本科生培养计划查询；本科生课程考试安排查询；本科生教室借用；等等。

③ 研究生院：研究生课程重修、加修申请（研究生管理信息系统）；等等。

④ 信息化处：一卡通充值；一卡通密码修改；一卡通挂失/解挂；一卡通解冻；宿舍电费充值；校园网网费充值；等等。

⑤ 财务处：申请财务报销单；学生缴纳学杂费；查询历史缴费记录；获取学杂费电子发票；修改学费银行卡；等等。

⑥ 后勤管理处：学生公寓用电查询；后勤服务满意度测评；网上维修申报；等等。

二、推动平台建设，推进服务智慧发展

中心共提供 362 项服务，其中窗口 182 项，自助 105 项，线上 75 项。2018—2023 年，中心累计服务学生 35 万人次（图 5-5-4），学生满意度始终保持在 99% 以上，实现了队伍入驻"一条龙服务"、学生参与"一揽子提效"、保障支持"一盘棋统筹"的目标，发挥了融入式、嵌入式、渗入式的社区育人协同效应。

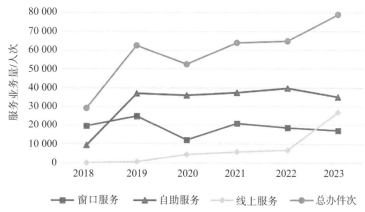

图 5-5-4　2018—2023 年中心累计服务学生各项事务逾 35 万人次

1. 扩大窗口服务范围，实现事务一站办结

遵循学生事务"应入尽入"原则，中心提供学工、财务、教务、就业、创业、后勤、资助、留学、医疗等窗口服务 182 项，基本覆盖了学生从入学到毕业的所有服务需求，实现了"就近办、一次办"目标，极大缩减了学生事务办理的时间成本。

2. 打通部门数据壁垒，实现线上一网通办

围绕学生事务"能线上不线下"原则，中心不断推进网上服务大厅建设，打破数据孤岛，将迎新系统、离校系统、教务管理系统及学工管理系统集结于一体，补充再造线上业务 75 项；开设"学生事务百科"线上栏目，截至 2024 年 5 月共收录办事指南 157 条、常见问题解答 302 条，实现"数据多跑路　学生少跑腿"目标。

3. 加强自助设施建设，实现全时一键办理

坚持学生服务"全天候不间断"原则（图 5-5-5），中心先后引进证书打印、补卡缴费等自助设备 13 套，在教学区、学生社区分别建成 24 小时自助

图 5-5-5　24 小时自助服务区

服务区，提供自助服务 105 项，在实现"高效率、零延迟"目标的同时，培养学生业务自理能力。

三、拓展服务空间，壮大合力育人阵地

中心与入驻的 12 个部门始终秉承"以生为本 服务至上"的工作理念，持续加强内涵式建设，优化运行机制，更好地发挥"学生服务之家"的功能和优势。同时，中心积极构建"一核两通三联动"的育人模式，全方位保障学生的全面发展与个性化成长。

1. 加强服务宣传，打造育人名片

持续美化中心服务环境，营造"学生服务之家"的温馨氛围。设计制作中心宣传折页、电子业务展板、各类宣传海报，微信推送多期中心内容。围绕"一站式"服务中心撰写的《江苏大学：智慧服务下沉一线，社区育人提质增效》工作案例，入选教育部"一站式"学生社区风采展示优秀案例，并被纳入全国高校思想政治工作网资源库（图 5-5-6）。

图 5-5-6　中心案例在全国高校思想政治工作网微信公众号上展示

2. 拓宽育人途径，提升自育能力

围绕大学英语四六级、乐器、书法、photoshop、海报设计等主题，开展学生"壹课堂"自育活动，进一步提升学生综合素质。定期召开学生助理培训会，熟悉中心大厅服务事项和 24 小时自助服务区设备的操作步骤，充分发挥学生在社区建设的自治力量。

3. 延伸服务内容，提供"帮代办"服务

在毕业季和假期，针对学生升学、求职时对证书及证明材料需求较大且离校时间紧张的特点，中心充分发挥"店小二"功能，线上线下加急代办代寄学生材料，为学生提供全程无忧的帮代办服务。

自中心建立以来，中心智慧服务育人大平台得到师生充分肯定，先后获得江苏省"巾帼文明岗"、镇江市"巾帼文明岗"等荣誉称号。特色工作被教育部网站、《中国教育报》等主流媒体报道。江苏大学将以推进"一站式"学生社区综合管理模式建设为契机，注重数字化与社区育人的融合，引导学生将智慧化平台应用于课程学习、科研实践中，持续提升学生社区服务的广度、深度和效度，利用大数据研判学生成长成才的整体需求与发展趋势，实现线上与线下服务的无缝对接，在学生社区中做深做实服务育人工作。

第六章　推进全员书院制的学生参与

　　"一站式"学生社区学生参与机制的构建，旨在引导和激励学生参与学生社区管理、服务和建设，培养学生的社会责任感和团队合作精神，提高学生的综合素质和实践能力。构建"一站式"学生社区学生参与机制，可以促进学生社区建设的全面发展，为学生提供更加丰富多彩的成长空间和发展平台。

第一节　价值意蕴

　　"一站式"学生社区的建设以学生为中心，不仅要围绕学生做好服务，更要立足学生的自我发展，实现学生社区全方位育人。学生作为"一站式"学生社区的主体，其发展和建设就必然离不开学生的参与。一方面，学生在参与服务学生社区、反哺学生社区中成长，不断强化自主意识和自律能力，充分发挥其自我管理、自我服务、自我教育和自我监督的工作职能，推动其学生综合能力的提升。另一方面，鼓励学生参与学生建设可以促进"一站式"学生社区的民主建设与和谐发展，进一步提高"一站式"学生社区管理的效率和质量，增强学生对学校的归属感和认同感。

一、提升学生综合能力

　　学生参与"一站式"学生社区的发展和建设，能够不断发挥学生的主体作用，不仅可以增强学生的责任感和自我管理能力，还可以培养他们的团队合作精神和社会责任感，提高学生的实践能力和综合技能，从而推动学生综合能力的提升。

　　首先，学生参与"一站式"学生社区的建设过程能够显著激发他们的自我管理能力。与传统的教育模式不同，在"一站式"学生社区的建设中，学生不再是被动的接受者，而是被高校赋予了更多的主动性和话语权。高校高度重视学生的意见和想法，鼓励他们参与社区的管理和决策事务，使学生真切感受到自己的声音被倾听和重视。通过参与"一站式"学生社区的管理和决策，学生将深刻体悟到自己是学校这个大家庭中不可或缺的一员。此外，学生还可以通过成立大学生自我管理委员会等组织形式，进一步参与社区的建设。这种参与模式不仅有助于学生形成独立思考、自主学习的良好习惯，还能促使他们自信地表达自己的观点，展现自己的特长和优势。在参与过程中，学生将学会如何合理安排时间、管理资源及解决各种问题，这些经历将大大提高他们的自我管理能力。随着自我管理能力的增强，学生的自信心和自尊心也将得到显著提升，从而更加积极主动地参与到"一站式"学生社区的各项事务中。这一过程对培养学生的自治意识具有深远的意义，有助于他们成为具有责任感、有担当的时代新人。

其次，学生参与"一站式"学生社区建设的过程对培养他们的团队合作精神和责任感具有显著作用。通过与他人的紧密合作、协商和共同解决问题，每个成员都能充分发挥其特长和优势，实现资源的有效共享和互补，进而提升学生社区建设的效率和质量。在团队合作中，学生将学会倾听他人的意见，体验民主决策和民主管理的过程，从而深刻意识到每个人的观点和权利都应得到尊重和保护。这种尊重与协调不同意见的态度，有助于营造积极向上的团队合作氛围。此外，在参与"一站式"学生社区建设的过程中，每个学生将积极承担起自己的角色和任务，不是推诿责任，而是与团队成员共同商讨、决策和承担。培养团队成员之间的责任感，可以有效避免工作任务的延误和失误，提高学生社区建设的效率和质量。同时，这种责任感也将增强学生的自我管理能力和自我约束能力，使他们更加明白个人行为和决策对整个团队和社区的影响，从而更加珍视和履行自己的责任。这种团队合作精神和责任感的培养，对学生的个人成长和发展具有积极影响，成为他们未来职业发展和社会交往能力的重要铺垫。因此，我们应积极鼓励学生参与"一站式"学生社区建设，让他们在实践中不断锤炼和提升自身的团队合作精神和责任感。

最后，学生参与"一站式"学生社区建设过程能够显著提升他们的实践能力和综合技能。在这样一个跨学科的环境中，学生有机会结识来自不同专业、不同背景的同学，进行深入的学术交流和合作实践。这种多元化的交流与合作有助于他们开阔视野，拓展思维，全面提升综合技能。面对各种问题和挑战，学生通过有效的沟通和协调，不仅提高了自身社会交往能力和组织协调能力，还培养了自身适应社会生活的各种能力。此外，学生通过组织参与多种实践活动和文化活动，如社会实践、科研实践、创新创业、体育竞赛、艺术鉴赏等，能够将理论知识与实践相结合，培养自己的组织能力和社会责任感。这些活动不仅有助于学生提高艺术修养和表达能力，还有助于他们提升综合素质和未来的竞争力。因此，学生参与"一站式"学生社区建设，充分利用好这个宝贵的学习和成长平台，对他们的全面发展具有重要意义。

二、提高管理的效率和质量

在传统的教育模式中，学生通常是被动的接受者，学校则扮演着决策者和管理者的角色，但随着教育教学模式的不断发展，许多高校在建设过程中开始逐步重视大学生作为学校的"主人"和大学教育的"主体"的双重身份，学生对学校的管理和服务有着直接的感受和需求，大学生参与可以帮助学校更好地了解学生的需求和意见，促进学校的管理更加科学和合理，提高"一站式"学生社区的管理效率和质量。

学生参与可以增强"一站式"学生社区管理的民主性和透明度。大学生作为高知识群体，其自我意识和民主意识明显较强，又迫切希望自己的意愿能够得到尊重和重视，因此学生参与学校"一站式"学生社区是必要的，能够让学生更好地了解"一站式"学生社区建设过程中的管理和服务等相关内容，他们也应该有权利参与相关建设的管理和决策，学生参与程度提高，使得学生在"一站式"学生社区中的主体地位得到体现，学生就不再是学校决策的被动执行者和实施者，这既可以促进学校在决策时程序公开、公平、公正，又可以保障学生的合法权益，增强学生的民主参与感和校园归属感。

学生参与可以促进学校"一站式"学生社区管理的科学化和规范化。他们了解学校"一站式"学生社区建设的实际情况，可以提出切实可行的改进建议，促进学校"一站式"学生社区的创新和改进，激发学校"一站式"学生社区管理的活力和创造力，提高学校管理的效率和质量。

第二节　当前问题

自 2019 年教育部推行"一站式"学生社区综合管理模式改革试点工作以来，新时代高校学生社区综合管理模式改革已成为我国高等教育发展的战略性选择，逐渐成为大学教育中不可或缺的一部分。随着大学教育的不断发展，在持续开展并全面推广"一站式"学生社区综合管理模式的过程中，学生参与的现实状况并不尽如人意。比如，一些学校的学生对"一站式"学生社区的认识和理解还停留在较为狭隘的阶段，认为"一站式"学生社区只是一个课余活动的场所，缺乏对"一站式"学生社区的深入了解；一些学校"一站式"学生社区的建设不够完善，学生参与的机会有限，学生社区活动缺乏吸引力，因而学生参与的积极性不高；学生在"一站式"学生社区中仅担任被管理者和志愿者，存在角色单一、潜能受限和资源浪费的问题。

一、学生理解认知不全面

一方面，从学生参与的意识和态度来看，部分学生对"一站式"学生社区的认识和理解不够。在学生社区的建设过程中，以往学校将学生社区定义为学生生活休息的场所，因此学生社区的育人功能并不完善，学生对学生社区的理解仍然停留在传统意义上的"生活休息场所"这个概念上。虽然学校现在开始挖掘学生社区的育人功能，建设"一站式"学生社区，但由于"一站式"学生社区建设仍然是一个相对新的概念，大学生对"一站式"学生社区建设的目的不清楚，这使得许多学生对学生社区的建设和管理并不关心，他们更关注自己当前的学业及个人发展。在这种情况下，即使学校提供了丰富的资源和活动，学生也不会积极参与，而学生参与的意识和态度又是影响"一站式"学生社区建设的重要因素。如果学生对学生社区的建设和管理不够重视，一些学生对学生社区的存在并不了解，或者他们对参与学生社区活动持有消极态度，那么"一站式"学生社区的发展将会遭受巨大的阻力。

另一方面，学生对"一站式"学生社区建设的理解认知不够可能还源于一些高校在学生参与机制的构建上不够完善。在"一站式"学生社区建设过程中，学生没有很多机会参与学生社区的建设和管理，他们认为学生社区只是单纯的休息场所，最多是可以举办一些课余活动的地方，这导致学生对"一站式"学生社区概念的理解不够深入，这种情况会一定程度上影响学生社区的活力和服务的质量。因为学生是学生社区的主体，他们的参与是学生社区得以运转的基础，如果学生参与度不高，还停留在传统的教育模式中，没有意识到学生参与度对"一站式"学生社区的重要性，那么学生对"一站式"学生社区的理解最多只能够停留在理论层面，无法拥有更加深刻和具体的认知。如果学校无法激发学生参与"一站式"学生社区建设的主观能动性,"一站式"学生社区发展和建设过程就将会受到很大的制约。

二、学生参与程度较低

高校"一站式"学生社区建设中学生参与内容不够丰富。原因之一是学生社区建设内容缺乏多样性。很多高校的"一站式"学生社区建设,主要围绕学生的学习和生活,缺乏娱乐和社交等方面的内容。这种单一性影响学生参与的兴趣,难以吸引更多的学生参与其中。因此,为了丰富学生参与内容,高校"一站式"学生社区需要增加多样性的活动和服务,包括文化艺术、体育健身、志愿者活动等,以满足不同学生的需求,提高学生的参与度。原因之二是学生社区建设中缺乏学生参与的机会。在很多高校的"一站式"学生社区建设中,学生参与的机会比较有限,很多活动和服务都是由学校或者社团组织来安排和管理,学生参与的自主性和积极性不够高。因此,为了丰富学生参与内容,高校"一站式"学生社区需要提供更多的学生参与的机会,包括学生自发组织的活动、学生社团的管理和运营等,鼓励学生积极参与,发挥自己的创造力和想象力,丰富学生的校园生活。

高校"一站式"学生社区建设中学生参与方式单一。目前,大部分学生参与学生社区建设主要是通过一些学术和文化活动,而对学生社区的日常管理和服务参与得比较少。这种情况存在一定的问题,因为学生社区的日常管理和服务往往才是学生在社区生活中不可或缺的重要部分,学生应该更多地参与到这些方面来。

高校"一站式"学生社区建设中学生参与效果并不明显。目前,虽然有一些学生参与到学生社区的建设中来,但是他们的参与效果并不明显,很多时候只是形式上的参与,缺乏实质性的影响。这种情况需要引起重视,学校和学生社区管理者应该加强对学生参与的引导和培训,帮助学生更好地参与学生社区建设,真正发挥他们的作用。

三、保障机制不够完善

首先,学生"一站式"学生社区建设项目中存在的保障机制不足主要表现在对学生权益的保障不足。在一些学生社区建设项目中,学生在参与学生社区服务过程中可能面临安全风险、权益受损等问题。这大多是因为学校和学生社区管理部门对学生权益保障的重视程度不够,学生的权益保障可能不够完善，缺乏有效的监督和管理机制，导致学生的权益保障存在漏洞。此外，一些学生社区建设项目可能缺乏对学生权益的明确规定和保障措施，导致学生在参与学生社区服务过程中权益得不到有效保障。

其次，"一站式"学生社区建设项目中存在的保障机制不足还表现在服务质量的不稳定。一些学生社区建设项目可能由于管理不善、资源不足等导致服务质量的不稳定。一些学生社区服务可能因为人员调动、资源短缺等影响了学生的学生社区体验和服务满意度。此外，一些学生社区建设项目可能缺乏对服务质量的监督和评估机制导致服务质量无法得到有效保障。学校和学生社区管理部门可能缺乏对学生参与学生社区建设的激励机制，导致学生的参与积极性不高。学生可能觉得参与学生社区建设并不能给自己带来实际的收益，因此他们对参与内容产生了疏远感。缺乏激励机制可能导致学生参与内容单一，只局限于一些传统的参与方式，缺乏创新和多样性。

最后，"一站式"学生社区建设项目中存在的保障机制不足还表现在管理体系的不完善上。一些学校在"一站式"学生社区建设和管理过程中存在漏洞，学生参与的现实状况受到学校管理体制的影响，使得学生社区的活动和资源也不够丰富多样；另一些学校则对学生社区进行严格管理，导致学生参与的自由度受到限制，这种管理体制的不合理也成了制约学生参与的因素之一。此外，由于培训体系不够健全、规章制度不够完善等，学校对大学生参与"一站式"学生社区建设的相关培训和指导不足，学生对自己在学生社区建设中的作用和责任认知不足，学生参与学生社区建设的方式也更加单一，他们不清楚应该做些什么，不知道如何参与其中，参与活动往往停留在表面，缺乏深度和广度。

第三节　发展路径

学生参与机制是高校"一站式"学生社区建设和管理的重要组成部分，学生是学生社区的主体，而学生参与又是学生社区得以运转的基础，学生参与程度关系学生社区的活力和服务的质量，只有学生积极参与学生社区的建设和管理，学生社区才能更好地满足学生的需求，为学生提供更好的服务和支持。因此，学校应该建立和完善学生参与机制，加强对学生参与机制的管理，激发更多学生的参与热情，只有这样才能真正实现学生参与"一站式"学生社区建设和管理的目标，为学生提供更好的服务和支持。

一、激发学生参与的内生动力机制

高校在强化主体管理效能和创设学生社区育人机制的基础上还要充分激发全员内生动力，提高学生参与意识，不断完善"一站式"学生社区的综合育人机制，持续激发学生参与学生社区建设和管理的热情，使他们更加关注学生社区的发展，更加积极地投身学生社区的建设和管理。通过学生参与机制，学生可以感受到自身的重要性，进而增强自身的社会责任感和使命感，更加愿意为学生社区的发展贡献自己的力量。

一方面，高校要全方位考虑学生在思政、劳动和体美方面的发展，探索学生在职业规划、心理、经济资助方面的需求，从而针对性地分区设置功能服务板块，设置"一站式"学生社区课堂、"一站式"学生社区建设和学生"一对一"服务的实践活动。巧用"双创"孵化器、沙盘模拟、文化走廊和云端学生社区平台的形式，帮助学生从"被动"的思维转变为"主动"的思维，强化其主人翁意识，促使其更加积极地参与学生社区的工作，并建立大学生自我管理委员会，最终实现学生社区管理与自我管理相结合的育人格局。

另一方面，高校应致力于打造高度数字化的新型"一站式"学生社区，引入智能化互联，利用数字化手段，强化收集和分析数据的能力，利用网络平台和相关数据调配学生社区资源，以达到教师与学生之间、学生社区管理人员与学生之间、学生社区管理人员与教师之间的相互平衡，充分调动和利用校园资源，实现供需匹配，并利用相应的数据及时记录和追踪学生各个阶段的发展变化成果，通过分析和评估给予学生发展建议，总结出下一步的发展规划。高校还要利用数字化手段和信息技术绘制学生在第二课堂的画像，以学生社区评价机制的评价结果为发展导向，明确下一步的育人方向和目标，从而进行下一步的育人工作，有效地激发"一站式"学生社区育人模式全员的内生动力，共同推动学生的全面发展。

二、拓展学生参与的多元功能融合机制

"一站式"学生社区育人空间的拓展和优化是培育育人生态的基石，驱动多元功能融合、扩展学生参与空间对提高学生社区的活力和服务的质量具有重要意义。为了营造学生社区育人的生态场域，各高校应该深入分析本校学生特色，立足于学校的育人价值观，总结出符合本校的科学理论指导，再

重新整合实现"一站式"学生社区功能的各要素，驱动学生社区功能的多元化和再升级，在进行试点的基础上总结经验。

具体来说，一是要将现有基本功能区已锚定的育人格局和顶层设计进一步强化，以"书院制"的管理模式为依托，深入融合适应新时代新教育格局的教育新途径，合理整合文化资源，推动学生教育内涵建设。二是不断丰富和升级学生事务中心的业务价值，在原有多方职能的基础上贯穿部门组织脉络，将建设学生事务中心和重塑"一站式"学生社区概念作为建设"一站式"学生社区育人模式的起点。三是数字化信息时代要对"一站式"学生社区育人模式进行数字化转型，把数字化技术引入育人机制中，采用数字化思维探索"一站式"学生社区的构造路径，建立健全采用动态人脸和学籍信息的校园学生社区网络，充分发挥"一站式"学生社区的多元化功能。

三、强化学生参与的社区自治效能机制

建设"一站式"学生社区育人模式，不仅要搭建全方位的学生社区空间，还要使其与多元化育人机制相适应，采用与高校实际情况相适应的育人理念，强化学生社区管理育人的效能：一是要建设协同育人机制，选取合适的人选组成校领导管理小组，建立多条战线入驻学生社区育人空间，营造学生社区的多元部门联动情境，搭建分工明确、专业度高、服务性强的学生社区育人协同团队，最终形成全体教师协同育人、全方位培养学生、全校职工协调配合的学生社区育人格局。二是要结合学生在学生社区管理中的角色和价值，给予学生相应的施展空间，给予学生恰当的学生社区岗位并加以指导培训，同时高校还应该深入学生内部，进一步挖掘学生社区对学生自我发展的拓展功能，提高学生自治能力，丰富学生社区育人机制。三是要建立健全学生社区学生参与机制的保障系统，包括管理规划模块、多元队伍建设模块和策略实施成效模块等，从而对保障机制进行系统测评，高校可以根据测评结果不断提高育人效能，确保学生社区参与机制的高效性和规范性。在健全学生社区管理育人机制的同时，高校应建立有利于学生全方位发展的评价机制，不断提升评价体系的价值。

第四节　运行管理

一、加强对学生的教育引导和培训

"一站式"学生社区管理者应该加强对学生的引导和培训，帮助他们更好地参与学生社区的建设和管理。学校可以组织学生参与培训活动，为其提供各种培训课程，包括学习技巧、职业规划、心理健康等。

1. 提供个性化的辅导服务

针对不同学生的个性特点和学习需求，高校为其提供个性化的辅导服务。通过设置学习小组、导师制度等方式，高校为学生提供有针对性的辅导和指导，帮助他们更好地解决学习和生活中的问题。

2. 开展主题活动和讲座

高校定期开展主题活动和讲座，邀请专家学者和成功人士来分享自己的经验和见解。这些活动可以帮助学生开阔视野、增长知识，同时也可以激发他们的学习和创新热情，提高他们的综合素质。

3. 强化学生组织

鼓励学生参与学生社区自治组织的建设和管理，培养他们的组织能力和团队合作精神。通过参与学生社区自治组织的活动，学生可以更好地了解学生社区的运作机制，同时也可以锻炼自己的领导能力和组织能力。

4. 建立学生导师制度

学生社区建立学生导师制度，由资深学生担任新生的导师，通过学生导师制度，可以促进学生之间的交流和互助，帮助新生更快地融入学生社区生活。

二、健全学生参与机制的监督和评估

"一站式"学生社区管理者应该健全学生参与机制的监督和评估机制，确保学生参与机制的有效运行。学校可以设立学生参与机制的监督和评估机构，对学生参与机制的实施情况进行监督和评估，及时发现问题并进行改进。

1. 设立监督委员会

监督委员会由学生代表和学生社区管理人员组成，负责监督学生参与机制的实施情况，以及时发现问题并提出改进建议。监督委员会可以定期召开会议，听取学生的意见和建议，同时也可以向学生们宣传学生参与机制的重要性，鼓励他们积极参与学生社区的建设和管理。

2. 设立学生参与评估机制

学生社区可以设立学生参与评估机制，定期对学生社区进行评估和反馈，评估可以包括学生参与的程度、参与效果、参与机制的公平性等方面的内容。通过评估，学生社区可以了解学生对参与机制的认可度和满意度，及时发现问题并加以改进。

3. 设立学生参与奖励机制

为了激励学生积极参与学生社区建设和管理，学生社区可以设立学生参与奖励机制，对积极参与的学生进行表彰和奖励。奖励包括荣誉证书、奖金、学习资源等，通过奖励机制激发学生的积极性和创造力，增强他们参与学生社区建设的意愿和动力。

4. 定期开展学生参与调研活动

学生社区可以定期开展学生参与调研活动，通过问卷调查、访谈等方式了解学生的参与意愿和需求。调研活动可以帮助学生社区更好地了解学生的想法和建议，及时调整和改进参与机制，使其更加符合学生的实际需求。

5. 建立学生参与平台

学生社区可以为学生提供一个参与学生社区建设和管理的平台，包括学生论坛、投稿平台、意见箱等，通过平台，学生可以自由表达自己的意见和建议，参与学生社区的决策和管理。

三、加强对学生参与成果的宣传和展示

"一站式"学生社区建设旨在为学生提供一个全方位的学习、生活和成长平台，促进学生参与"一站式"学生社区的建设和管理，培养学生的综合素质和创新能力。加强对学生参与成果的宣传和展示是学生社区建设的重要环节，有助于激励学生积极参与，增强学生的自豪感和归属感。

1. 建立学生参与成果宣传平台

学生社区可以在校园网站、校园电视台、校园广播等媒体上设立学生参与成果宣传栏目，定期发布学生参与学生社区建设和管理的成果和经验。栏目内容有学生志愿活动、学生社区服务项目、学生社团活动等，以多种形式展示学生的参与成果来激励更多学生积极参与。学生社区可以利用微信公众

号、微博、校园 App 等新媒体平台，及时发布学生参与成果的图片、视频和文字报道。这些新媒体平台可以实现信息的快速传播和互动交流，让更多的师生和家长了解学生的参与成果，为学生树立榜样。另外，学生社区可以创办学生参与成果的校园杂志或报纸，定期刊载学生参与学生社区建设和管理的成果和体会，杂志或报纸可以由学生自主编辑和撰写，展示学生的风采和成长，增强学生的自信心和表达能力。

2. 举办学生参与成果展示活动

学生社区可以组织学生参与成果展示大赛，鼓励学生通过图片、视频、手工制品等形式展示自己的参与成果。大赛可以设置多个奖项激励学生积极参与，同时也可以吸引更多师生和家长通过线上观赏参与评选。另外，学生社区可以定期举办学生参与成果展示活动，将学生的参与成果展示在校园的展示墙、展览馆等场所，让更多的人有机会欣赏学生的成果和努力。展示活动可以结合学校的重要节日或纪念日吸引更多的观众。学生社区还可以组织学生参与成果路演活动，邀请学生代表进行成果展示和经验分享。路演活动可以在校园内举行，也可以邀请外部专家和媒体参与，为学生提供一个展示自己成果的舞台，激发学生的创新和表达能力。

3. 举办学生参与成果颁奖典礼

学生社区可以设立学生参与成果奖项，对学生在学生社区建设和管理中取得的优秀成果进行表彰和奖励。奖项包括个人奖、团队奖、创新奖等，激励学生积极参与，树立学生的榜样。学生社区还可以定期举办学生参与成果颁奖典礼，邀请学校领导、师生代表和家长参加。典礼可以通过颁奖、演讲、视频展示等形式，展示学生的参与成果和成长经历，为学生树立典范，同时也可以增强学生的自豪感和归属感。

第五节　江苏大学实践：全过程的学生动心动脑动手

为进一步提高“一站式”学生社区的管理水平，培养学生的自我管理能力和社会责任感，根据教育部《高校“一站式”学生社区综合管理模式建设工作指南》和学校建设实施方案，江苏大学以党建引领为抓手、以学生自治为目标、以活动开展为基础、以制度规范为保障，构建江苏大学学生参与模式。

一、党建引领

党建引领是指以党的建设为引领，促进"一站式"学生社区内各项事务的有序进行，提高"一站式"学生社区大学生的获得感和幸福感，通过"党团班社群"理念引领联动，把加强党的思想引领作为党团建设的重要内容。江苏大学学生参与"一站式"学生社区建设在党建引领方面主要从以下几个方面展开。

1. 加强学生党建组织建设

学生党员是"一站式"学生社区建设的重要力量，他们在学生社区建设中发挥着积极的作用。因此，学校持续推进"一站式"学生社区党建引领特色化，结合党和国家、区域地方和本校自身战略发展需求，将现有的红色资源、校风校训、优势学科等具体内容与学生社区党建进行有效融合，通过成立十大书院党总支，建立书院流动党支部，打造具有书院特色的党建品牌，提高学生党员的归属感与政治觉悟和组织纪律性，进一步增强党组织的凝聚力和战斗力，使学生党员成为学生社区建设的中坚力量。

2. 推进学生党员参与"一站式"学生社区治理

学生党员是学生社区治理的可靠力量，他们通过参与学生社区议事、学生社区服务、学生社区管理等方式，为学生社区建设提供有力支持。高校通过建立学生党员服务队伍，组织学生党员参与学生社区巡逻、环境整治、文明宣传等活动，提高学生党员的责任感和使命感，推动学生社区治理的深入开展。

3. 加强学生党员教育培训

学生党员只有不断提高自身的素质和能力，才能更好地为学生社区建设提供服务。学校组织学生党员参与各类培训和学习，提高他们的专业技能和工作能力，增强他们的服务意识和责任感，使他们成为学生社区建设的重要力量。

4. 发挥学生党员示范引领作用

学生党员是学生社区建设的重要力量，他们应该发挥示范引领作用，带动更多的大学生参与"一站式"学生社区建设。学校通过设立"党员示范宿舍"，组织学生党员开展思想政治引领活动，开展主题教育活动，开展文明礼仪宣传活动，开展志愿服务活动，参与学生社区公益事业，传播社会正能量，树立良好的社会形象，引导大学生积极参与"一站式"学生社区建设，共同营造和谐美好的学生社区环境。

5. 加强学生党员的服务意识和责任感

学生党员是学生社区建设的重要力量,他们应该树立正确的服务意识和责任意识,为学生社区建设提供有力支持。学校通过组织学生党员开展志愿服务活动,让学生党员参与学生社区公益事业,提高他们的服务意识,增强他们的社会责任感和使命感,使他们成为学生社区建设的中坚力量。

综上所述,围绕让学生参与"一站式"学生社区建设党建引领工作,学校从加强学生党建组织建设、推进学生党员参与"一站式"学生社区治理、加强学生党员教育培训、发挥学生党员示范引领作用、加强学生党员的服务意识和责任感等方面开展活动,以提高学生党员的政治觉悟和组织纪律性,发挥他们在学生社区建设中的积极作用,推动学生社区建设不断进步。

二、学生自治

为充分发挥学生自我管理、自我服务、自我教育和自我监督的工作职能,强化学生自主意识和自律能力,江苏大学创建"一站式"学生社区大学生自我管理委员会,打造"一站式"学生社区自我治理模式。

"一站式"学生社区大学生自我管理委员会的创立工作由学工处统一指导开展,在学工处各科室指导下,该管理委员会开设有五大分会。为了把学生自我管理模式落实到书院,充分发挥朋辈教育力量,十大书院根据分会的设立情况,下设大学生自我管理委员会书院分会,并由书院指导建设(表6-5-1)。

表6-5-1 江苏大学"一站式"学生社区大学生自我管理委员会组织结构

书院	学工处				
	江苏大学"一站式"学生社区大学生自我管理委员会				
	思想政治教育科	学生资助服务中心	心理健康教育与指导中心	学生就业指导服务中心	学生社区管理服务中心
	思想引领与学风建设分会	勤工助学分会	朋辈心理互助分会	就业指导服务分会	学生社区管理分会
梦溪书院	***梦溪分会	***梦溪分会	***梦溪分会	***梦溪分会	***梦溪分会
北固书院	***北固分会	***北固分会	***北固分会	***北固分会	***北固分会
文心书院	***文心分会	***文心分会	***文心分会	***文心分会	***文心分会
迎松书院	***迎松分会	***迎松分会	***迎松分会	***迎松分会	***迎松分会

续表

书院	学工处				
	江苏大学"一站式"学生社区大学生自我管理委员会				
	思想政治教育科	学生资助服务中心	心理健康教育与指导中心	学生就业指导服务中心	学生社区管理服务中心
	思想引领与学风建设分会	勤工助学分会	朋辈心理互助分会	就业指导服务分会	学生社区管理分会
泓江书院	***泓江分会	***泓江分会	***泓江分会	***泓江分会	***泓江分会
静湖书院	***静湖分会	***静湖分会	***静湖分会	***静湖分会	***静湖分会
钟灵书院	***钟灵分会	***钟灵分会	***钟灵分会	***钟灵分会	***钟灵分会
毓秀书院	***毓秀分会	***毓秀分会	***毓秀分会	***毓秀分会	***毓秀分会
求实书院	***求实分会	***求实分会	***求实分会	***求实分会	***求实分会
求知书院	***求知分会	***求知分会	***求知分会	***求知分会	***求知分会

大学生自我管理委员会的成员日常管理方法通常包括集体领导、分工协作、值班制度、考勤制度及定期的会议制度。在学工处和书院的指导下，大学生自我管理委员会对各分会设立具体制度，并由各分会负责人对成员进行明确分工。同时，大学生自我管理委员会实行分工不分家的团结协作制度，让各个成员能够更好地协同工作。而值班制度和考勤制度的设立，也是为了规范成员的工作行为，确保各项工作的有序进行。分会中的一般问题由分会主要负责人与各成员讨论决定，重大问题则可请示对应科室或书院讨论决定。这种方式既确保了工作的高效进行，又保证了决策的民主性。

另外，"一站式"学生社区大学生自我管理委员会下设的五大分会根据各自分会特点来开展各分会特色工作。

1. 思想引领与学风建设分会

① 依托线上线下"一站式"学生社区宣传渠道，充分发挥"领航"优秀学子志愿宣讲团作用，多层次、多角度做好先进典型事迹宣传工作，增强思政教育的感染力、引领力。

② 依托学生社区育人服务平台，不断完善校院两级学生思想动态常态化反馈机制，关注学生利益诉求，为学生成长成才提供思想保障。

③ 展开学风督查、教学楼栋文明督查等工作，推动优良学风建设，营造积极上进的学习氛围。

2. 勤工助学分会

① 协助学生资助服务中心和书院开展学生资助情况调研，掌握学生受

助需求和资助政策的落实情况，并立足学生社区提供勤工助学招聘服务。

② 开展学业规划、心理团辅、就业技能提升等活动，举办家庭经济困难学生就业工作研讨会，注重交流与学习，帮助他们提高成长发展能力和社会竞争实力。

③ 开展资助政策宣传活动，牢牢把握资助政策宣传的"三时三面两线"，开展更简单、通俗、贴近实际的宣传工作，确保学生资助政策宣传到位。

3. 朋辈心理互助分会

① 协助心理健康教育与指导中心和书院开展"知美护心""寻美暖心"等大型心理广场活动，以及校级心理健康教育活动、院级心理健康教育活动；指导学生参与大学生心理健康教育特色活动评选大赛。

② 发挥朋辈心理互助力量，对学业有困难的学生进行帮扶，互帮互助，舒缓压力，促进学生转变学习态度，优化学习方法，激活学习效能；积极宣传推广"十佳心理委员"个人事迹，让朋辈的心理力量在学生群体中散发光、传递温暖与力量。

③ 依托新媒体主阵地创作高质量推文，积极普及心理健康知识，打造"江心"小课堂心理科普，为校园文化建设贡献积极力量，为学生身心健康成长和全面发展提供有力支持。

4. 就业指导服务分会

① 定期在各书院会议室开展就业指导讲座、工作坊和研讨会，邀请书院相关专家和校友进行分享和指导。

② 在书院间开展职业规划竞赛、简历指导、模拟面试等活动，帮助同学们正确认识自我，树立就业目标，做出最适合自己的就业选择。

③ 在各书院设立就业信息公告栏，及时发布招聘信息、实习机会和就业政策。

④ 协助学生社区管理服务中心和书院开展宿舍走访活动，深入学生宿舍，与同学们进行一对一交流，协助就业中心摸排毕业生的就业意愿与就业中遇到的难点问题。

5. 学生社区管理分会

① 展开学生社区日常安全卫生检查，以保障学生社区安全稳定。学生社区管理分会成员每周抽查学生宿舍，重点检查学生在宿舍安全情况。

② 展开学生社区日常文明督查，以增强学生卫生文明意识，学生社区管理分会成员每周抽查学生宿舍，并对卫生不合格的宿舍进行指导整改，督

促学生养成良好的卫生习惯。

③ 完善信息反馈机制。发现宿舍区学生纠纷、推销、外来人员滞留等情况，学生社区管理分会成员会及时跟科室和书院老师报备，以便学校实时掌握学生社区动态。

④ 举行各类学生社区文化特色活动，为丰富学生社区文化，每年举办"'119'消防宣传日""毕业生跳蚤市场""为毕业生做实事""周周海报清理"等活动。

三、活动开展

学生参与"一站式"学生社区建设是一个重要的社会实践活动。学校通过组织学生参加学生社团、志愿服务、勤工助学、实践锻炼等活动参与学生社区建设、楼宇管理，激发学生的社会责任感、团队协作能力和创新意识，提高他们的综合素质和社会参与能力。具体来说，学生可以通过以下各类活动参与"一站式"学生社区建设。

1. 文化活动

学校在"一站式"学生社区开展多元化文化活动，学生参与到这些活动中可以学习和体验不同的文化形式，包括传统文化、当代文化等，这有助于拓宽学生的文化视野，增进学生社区学生凝聚力和归属感，提高他们的文化素养，培养他们的跨文化交流能力，从而更好地适应多元文化的社会环境，也更好培养"一站式"学生社区浓厚的文化氛围。

① 引导学生组织并参与文艺表演，如舞蹈、歌唱、小品等，为大学生带来欢乐和艺术享受，同时也展现学生的艺术才华。② 组织学生参与传统文化体验活动，如书法、绘画、剪纸等，让学生了解和传承传统文化，同时也为大学生提供学习和体验的机会。③ 邀请专家学者或老师学生进行文化讲座，介绍传统文化、历史故事等，增加学生社区学生的文化知识，提升学生社区文化氛围。④ 组织学生参与创业培训讲座，向大学生传授创业知识和技能，帮助他们实现创业梦想。⑤ 组织学生参与创新科技竞赛活动，鼓励学生进行创新科技项目的研究和实践，为学生社区带来更多的科技成果。⑥ 组织学生参与创意设计展示活动，展示学生的创意作品，为学生社区带来新颖的设计和艺术品。

2. 劳动活动

为促进学生的全面发展，在"一站式"学生社区开展劳动活动可以帮助学生树立正确的社会观念和价值观，培养他们的社会责任感和团队合作能力。通过参与劳动活动，学生可以学会尊重他人、团结合作、勤劳节俭，提高他们的综合素质和社会适应能力。

例如参与校园环境整治，校园环境整治是学校常见的劳动活动之一。学生可以参与校园的清洁、美化、绿化等工作，包括清理垃圾、修剪花草、整理校园道路等。这些活动可以让学生亲身体验到劳动的乐趣，培养他们的环保意识和责任感。植树造林是一项重要的生态环保活动，学校可以组织学生到校园内进行植树绿化活动。通过亲手种植树木，学生可以感受到保护环境的重要性，培养他们的环保意识和绿色生活观念。学校可以组织学生参与社区或学校内的义务劳动，如清理河道、整修校园设施、维护公共设施等。这些活动有助于培养学生的奉献精神和团队协作能力。学校还可邀请医生或健康专家进行健康知识讲座，向大学生传授健康知识，提高大学生的健康意识，并组织开展大学生健身运动指导活动，向大学生传授健身知识和技能，帮助他们保持健康的生活方式。

3. 志愿者活动

在学生社区开展各类志愿者活动，组织学生参与志愿者活动。① 组织学生开展学生社区调查研究活动，收集大学生对"一站式"学生社区建设的意见和建议，为学生社区建设提供参考和建议。② 组织学生参与学生社区文化建设活动，如图书馆建设、文化广场设计等，为大学生提供更多的文化娱乐设施。③ 组织学生开展帮助"学困生"的辅导服务，给在专业课学习上有困难的学生提供学习指导和帮助，提高他们的学习成绩。④ 组织学生开展职业技能培训活动，为大学生提供各种职业技能的培训讲座，提高学生的就业能力。⑤ 组织学生开展各类校纪校规和基本法律信息的普及活动，向大学生传授相关知识，提高大学生基本的法律素养和学生素养。另外，还可以根据实际情况和需求进行志愿者活动的创新和拓展。

这些活动为学生社区建设提供了更多的人力资源和智力支持，促进了学生社区的可持续发展。

四、制度规范

1. 自我管理制度

大学生自我管理制度是学生参与机制的重要组成部分，管理制度有利于规范学生的行为，确保活动的顺利进行。通过该制度，大学生参与到"一站式"学生社区的建设和管理中来，可以让学生的声音更好地被听到，让学生的意见更好地被采纳，为学生提供更好的服务和支持。

为了确保大学生自我管理委员会工作的有序有效进行，深化大学生自我管理制度的贯彻实施，并进一步提升学生自我管理的认知与能力，学校各指导单位秉承自我管理、自我服务、自我教育和自我监督的核心理念，专门建立分会考核制度。此举旨在监督和评估自我管理委员会成员的工作表现，并为那些全年表现卓越的成员颁发荣誉证书，以此充分激发和调动学生的主动性、积极性和创新潜能。同时，为了全面培养和提升学生的自主学习能力及自我发展能力，各指导单位积极为自我管理委员会成员提供坚定的支持和帮助。这包括为分会成员提供必要的岗前培训和专业指导，严格遵守"以老带新"和"先培训后上岗"的原则，旨在提升他们的工作技能、沟通技巧，进而提高学生社区的工作效率和服务质量。通过这样的方式，我们期望能够共同推动大学生自我管理委员会工作的持续发展，为学生们的成长和进步创造更加良好的环境。

2. 志愿者服务体系

一个完善的"一站式"学生社区的志愿者服务体系，可以让学生参与更加全面、便捷的志愿者服务。这种志愿者服务体系，可以让学生更好地参与学生社区的建设和管理，让学生通过服务他人来实现自我价值，为"一站式"学生社区的发展贡献自己的力量。

为确保志愿者服务体系能够有效运行，学校建立志愿者管理制度，包括志愿者的入职、考核、激励、退出等管理流程，确保志愿者的工作秩序和效率，并设立专门的志愿者服务中心，提供志愿者招募、培训、管理、激励等服务，为志愿者提供便利和支持，促进志愿者之间的互动和交流，分享经验和心得，形成良好的志愿者团队氛围。志愿者服务中心根据学生社区的志愿者实际需求，确定招募志愿者的目标，明确志愿者的岗位和职责，制定招募计划和宣传策略，并设计实施志愿者服务项目，如社区义工、学习辅导、文化活动等。志愿者服务中心还开展培训服务，对参与志愿服务的学生进行相关培训，包括社区服务技能、沟通技巧、团队合作等方面的培训，确保志愿者具备必要的能力和素质，以提高学生的服务水平和安全意识。

3. 学生参与奖励机制

为了更好地激发学生参与社区建设的积极性，建立学生参与奖励机制是非常必要的。学校建立了健全的学生参与"一站式"学生社区建设的奖励制度，对表现突出的学生给予奖励和表彰，奖励包括荣誉证书、奖金、学分加分等形式,以激励更多学生积极参与。

"一站式"学生社区建立学生参与奖励机制包括以下具体实施方式:① 设立学生参与奖励计划,对学生在学习、社区建设、文体活动等方面的积极参与进行奖励。例如,可以设立积分制度,对学生的积极参与进行积分,积分可以用于兑换奖品或参加特殊活动。② 定期开展各类学生参与奖励活动,如学习竞赛、社区建设、文体比赛等,对参与者进行奖励。③ 设立奖励标准,如相关奖金、荣誉称号等,奖励那些在学生社区建设和管理中表现突出的学生。例如,可以对学生的学习成绩、社区服务时间、文体活动成绩等进行评定,对达到一定标准的学生进行奖励。④ 加强学生参与奖励的宣传工作,让学生了解学生参与奖励的政策和标准,激发学生的积极性,调动其参与热情。

4. 监督和评估反馈制度

为加强对学生参与的引导和监督,帮助学生更好地参与学生社区建设和管理,确保学生参与的有效性和质量,"一站式"学生社区管理者应建立学生参与模式的评估机制,对学生参与的情况进行评估和反馈,及时发现问题并改进。

"一站式"学生社区监督委员会由学校领导、教师代表和学生代表组成,负责对"一站式"学生社区的运行情况进行监督和评估。监督委员会通过定期召开会议,听取"一站式"学生社区的工作报告,提出意见和建议,并对"一站式"学生社区的运行情况进行监督检查。监督员定期巡查,发现问题及时报告,促使问题及时得到解决。"一站式"学生社区健全了投诉处理机制,对学生、家长和教师的投诉进行认真调查和处理,确保每一位成员的合法权益得到保障。同时,"一站式"学生社区也要对投诉情况进行分析和总结,及时发现问题并改进。

"一站式"学生社区定期对学生社区的各项工作进行全面的自我评估,评估内容包括学生参与情况、服务质量、管理水平等,以便找出问题并制定改进措施。此外,学校还可邀请专家对学生社区的工作进行第三方评估,以获取更客观的评估结果,为"一站式"学生社区的改进提供参考。

"一站式"学生社区将评估结果反馈给相关部门和成员,让大家了解"一站式"学生社区的运行情况和问题,共同商讨解决方案。根据评估结果,"一站式"学生社区需制定相应的改进措施,明确责任部门和时间节点,确保改进措施的落实。同时,"一站式"学生社区也需对改进措施的效果跟踪评估,以及时发现问题并调整。

第七章 夯实全员书院制的条件保障

第一节 物理空间保障

近年来，教育部推进"一站式"学生社区综合管理模式建设工作，将其作为中国特色社会主义大学治理体系下学生管理模式改革的重要抓手和实现途径。在"大类培养""学分制"的改革背景下，"同学不同班""同班不同学"等情况成为常态，传统的班级建制形式面临着诸多挑战。江苏大学在加强统筹协调、推进协同创新等方面持续发力，推进"一站式"学生社区建设，以学生为中心，将学校的教育力量及各类资源全力下沉到学生社区，打造集思想政治教育、日常业务办理、校园安全防范、社区资源配置等于一体的综合性校园管理模式，用集成化的解决方案支撑"一站式"学生社区的探索与发展，使其逐渐成为学生交流互动最频繁、最稳定的场所，成为课堂之外最重要的教育阵地。"一站式"学生社区是推进高校思想政治教育工作和学生日常学习生活的重要空间场域，其空间形态应当适应立德树人的要求与人才培养改革的特点，着力于克服思想政治教育工作面临的各项挑战，抓牢"一站集成"的改革与发展机遇，适应高校管理模式与治理关系的变革。因此，"一站式"学生社区的物理空间建设对服务质量的提升、社区物理形态的呈现、各部门工作的协调等具有重要意义，是推进高校治理体系和治理能力现代化的重要保障。

一、学生社区物理空间建设的必要性与意义

"一站式"学生社区需要通过合理的空间建构，推动高校各部门资源和力量的整合联动，提高教育管理服务质量及人才培养工作的科学性、协同性、实效性。

大学生正处于身心发展的关键时期，善于尝试新鲜事物，勇于迎接各种挑战。随着科学技术与教育教学的进步，他们在日常学习、生活中的需求也越来越丰富，这对高校传统的运行和管理模式提出了新的挑战，传统的高校运行与管理模式已经不能满足学生全方位发展的需要。高校管理平台的集成化建设必须有所创新，以适应多变的管理需求，提高办事效率、完善服务体系刻不容缓。

首先，"一站式"学生社区的物理空间保障推动了学校各部门的资源整合，提高了管理服务效率。高校应根据各部门的需要，结合相关业务的办理流程，购置、装配各类软硬件设施，合理分配物理空间资源，必要时进行组织重构与流程优化，将各类资源和力量汇聚在学生身边，尽力为办事部门、办事学生提供方便。

其次，"一站式"学生社区的物理空间保障拉近了学校与学生之间的距离，有效增强了教育管理成效。"一站式"学生社区打破了高校教师、管理人员与学生之间的壁垒，也消除了专业、年级之间的隔阂，形成了师生共处、交融贯通、知行兼修的教育场景，成为学生交流互动最频繁、最稳定的场所，也成为学生在课堂之外最重要的生活、交流与学习阵地。同时，"一站式"学生社区物理空间建设通过空间设计、氛围营造、环境布置，服务学校、老师、学生之间的面对面交流，以言传身教的方式推动高校管理、育人队伍走近学生，适应学生多元化、个性化特点。"一站式"学生社区建设是围绕学生、关照学生、服务学生的有效途径，有助于高校倾听学生诉求、改进工作方法，提高学校的亲和力与向心力，增强学生的归属感与安全感，凝聚共同的情感与价值追求，显著提高教学相长的育人效果。

最后，"一站式"学生社区的物理空间保障促进了学校各环节育人主体的联动整合，形成"三全育人"新格局。习近平总书记指出："要坚持把立德树人作为中心环节，把思想政治工作贯穿教育教学全过程，实现全程育人、全方位育人。""一站式"学生社区的物理空间建设，可以助力汇聚多方面育人力量，为更好地实现"三全育人"目标搭建平台，凝聚全员育人合力、打通全过程育人链条、完善全方位育人体系。"一站式"学生社区可以通过建设党建活动室、谈心谈话室、心理咨询室等，为学业导师、心理教师、辅导员、班主任等育人队伍提供更为便捷的办公场所与活动空间，为学生提供涵盖学业规划、就业指导、心理咨询等全方位的教育教学活动，有助于形成互帮互助、共建共享、互联互通的良好氛围。同时，"一站式"学生社区为学校及学院领导、各管理部门、保卫部门等提供了走访、入驻的物理空间保障，有助于各部门及时掌握学生动态与思想情况，及时回应学生的各类需求与意见建议，有效推动各部门学生工作之间的协同联动，为办学治校质量提升提供了有力保障。

二、学生社区物理空间建设的问题分析

当前，全国众多高校积极探索建设"一站式"学生社区的方式方法，它们在原有公寓、书院的基础上进行管理模式的改革创新，旨在打造具有社会主义特色的、契合新时代高校育人要求的新型学生社区。然而，由于地域、环境、技术等问题的限制，"一站式"学生社区在建设推进过程中难免会遇到各类难点、痛点，这些在一定程度上限制了学生社区育人功能的有效发挥。

1. 育人队伍不断集聚，但物理空间布局有待加强

相关部门进驻"一站式"学生社区是其物理空间建构需要考虑的核心问题。"一站式"学生社区需要聚拢校院领导、机关干部、学业导师、辅导员等多层育人力量，以形成专兼结合、内外呼应的全方位社区育人工作队伍，为学生全面发展与成长成才保驾护航。这需要对学生社区的物理空间进行合理的规划与布局，将进驻社区的职能部门按照功能妥善安置，努力实现师生"少跑一趟路、少进一扇门、少找一个人"的便捷化建设目标。

2. 物理空间功能优化升级，但育人功能存在短板

社区不仅仅是生活空间，更是一个育人的文化空间。在学生社区空间育人模式下，社区空间布局的重要任务是要打造既有物理空间功能又有教育引导功能的场域，使社区空间在满足学生基本生活和学习需求时也能实现育人功能。"一站式"学生社区综合管理模式强调要打造独特的社区文化识别系统，倡导"开门办思政"，发挥环境熏陶的功能。因此，社区空间的活化利用不仅要涵盖建筑空间的建设升级，还应涵盖文化空间、精神空间的构建和布局。然而，在学生社区空间的建设和改造过程中，存在突出社区物理空间的建设功能而相对忽视其教育功能的现象。这主要表现在：其一，注重社区空间的实用性。关注社区建筑空间的面积分配、硬件建设、功能配置，如建造健身房、学生公共厨房等，着眼于满足学生衣食住行的基本需求，忽视社区空间的文化建设和育人功能。其二，学生社区的空间建设缺乏育人特色。目前，大多数学生社区空间往往套用现成模式或者标准化范本，建筑设计单一，缺乏个性化的学校特色和育人特色。其三，思想政治教育要素融入的方

式还比较单一。学生社区空间育人要发挥好育人要素潜移默化的育人功能，但在社区空间中，常见的育人要素注入方式还集中在贴文化标语、拉横幅，比较倾向显性教育，缺乏多样化方式的融入。

3. 物理空间服务能力提升，但学生主体地位彰显不足

当今大学生是伴随着互联网成长起来的，接受信息的渠道十分广泛，他们面对各类新鲜事物具有极强的接受能力，拥有不同的成长背景、兴趣爱好、人生规划、心理特点等，对高校的管理与服务提出了更高的要求。面对传统模式已经不能满足学生个性化需求的困境，"一站式"学生社区便是极为重要的解决方案，与此同时，物理空间的设计与建造也面临诸多挑战。在标准化的管理流程与改造方案下，学生社区往往无法提供更加贴合学生个人需求的个性服务，因而容易导致学生社区的物理空间及育人资源的浪费。"一站式"学生社区在建设过程中需要时刻注意"以学生为中心"，思考如何科学利用有限的资源建设高效、便捷的个性化物理空间，用于贯彻适合本校校情的个性化管理与服务模式，最大限度地发挥"一站式"学生社区的育人功能。

三、学生社区物理空间建设路径

1. 整合部门育人力量，提高协同育人效率

江苏大学在书院制改革中采取"全员书院制"的方式，由学校统筹学生学习生活与管理育人的场域，在学生社区建立十大书院及十大育人中心，以此探索"一站式"学生社区综合管理育人模式。

从管理思路来看，学校需要将各管理部门的办事内容中涉及学生日常学习生活的部分下沉到学生社区，构建线上线下联动的一体化办事平台，以实现办事效率的提升。从物理空间保障的角度来看，学生社区物理空间建设主要包含以下两点：

第一，要合理规划办事窗口，提高服务质量。"一站式"学生社区的物理空间，需要涵盖多种功能性窗口，以解决学生的多样化办事需求，其中包括学工处、教务处、财务处、心理中心等部门，囊括学生思想引领、学业指导、心理健康、日常事务管理等常见事务。因此，根据各部门权责对物理空间合理划分，可以依据业务量的大小、集中办理业务的时间、各部门进驻人员的值班计划等进行，形成结构合理、分工明确、协同合作的综合型社区管理与育人力量。学生无须重复提交已有基本信息的共享数据，无须排队等

待，无须来回奔波，就能够一站办齐复杂业务，自助办理业务使"一站式"学生社区能够真正链接起时间与空间。"一站式"学生社区实现了管理与育人资源共建共享，在服务学生成长、解决学生困惑等方面提供了一种新的管理育人模式。

第二，要着力完善办公环境，推进共同管理。"一站式"学生社区作为综合性的育人空间，需要聚合全方位的多支育人队伍共同承担学生在校期间各个阶段的育人任务，并成为各项资源有效下沉的重要载体。以江苏大学为例，由学工处牵头，包含学生思政、心理、就业、成长、劳动等在内的十大育人中心全部下沉至学生社区，在"一站式"学生事务与发展中心集体办公，围绕文化育人、实践育人、科研育人等各项资源，聚焦各阶段、各年级、各方面的学生成长问题，把握学生成长各项要素，推动各部门协同并进、密切沟通，为实现全过程育人提供物理空间的基础保障。学生社区管理服务中心协同国资处、基建处等部门针对办公区域制定建设方案，设计划分办公室、会议室、档案室、活动室、医疗服务中心等物理空间，并持续跟进相关改造工作。同时，学生社区管理服务中心需对办公家具、办公设备等进行招标采购，从各部门实际需求出发购置，为各条线育人力量进驻社区一线提供保障。

2. 引导学生自我管理，完善社区物理空间建设

为推动"一站式"学生社区综合管理工作，高校要依托书院、宿舍等学生生活园区，探索学生组织形式、管理模式、服务机制改革。改革的过程中，要注意如下内容。其一，要充分尊重学生的主体地位，提升学生参与意识。要实现学生社区的充分自治，既要发挥注重学生会、学生党组织、楼管会、学生社团、学生班级等学生组织的作用，也要发挥学生党员、学生干部、优秀学生等个体的力量，创设多元化的学生自治平台，并给予相关经费的支持，为学生参与社区治理提供制度保障。其二，要不断拓宽学生自治的空间和范围。要积极扩大学生自治组织参与学校和学生社区事务的广度，适当提高学生对学校相关事务的知情权和选择权，鼓励学生自治自理行为和所开展的独立性活动，增强学生参与学生管理的积极性，并在实践中锻炼学生的自治能力，以此激起学生自我管理和自我教育的意愿，使之成为一种内驱力。其三，要强化学生组织内部建设。要常态化地加强学生组织的组织建设和文化建设，对学生干部或学生组织负责人要强化理想信念教育，开展学生自治能力培训。学生组织负责人要向学生党员倾斜，充分发挥学生党员在学生社区治理中的示范引领作用，如可成立学生组织功能型党支部，促进学生

自我管理、自我教育、自我服务、自我监督。其四，要充分发挥教师和管理者的引导作用与服务功能，同时充分发挥学生的主体作用。由于学生受理论积淀、综合素质、社会经验所限，需要教师和管理者对其加以引导，指导并帮助他们开展相关活动，但教师和管理者要明确自身的定位，教师和管理者的作用是"掌舵"而不是"划桨"，在指导的同时不能过度参与，既要发挥好教师和管理者的主导作用，也要发挥好学生的主体作用。

江苏大学在学生社区建设中不断优化社区物理活动空间并建立多样的学生组织，为学生提供丰富、便捷的基础设施和个人成长发展平台，支持学生个性发展，使学生社区的功能定位不再是单一的住宿，而是寓教于学、寓教于乐的全方位成长平台。同时，江苏大学还在"一站式"学生事务与发展中心建造大学生自我管理委员会办公室、值班室、会议室等，不仅满足学生社团、学生组织的工作交流与活动需要，还在"一站式"学生社区工作的探索与建设过程中充分发挥了学生的主观能动性，鼓励学生通过社团组织、志愿活动、社会实践等途径积极参与学生社区建设，激发自身的创造性与责任感。另外，通过打造各类文化育人空间，"一站式"学生社区还需要充分展现本校的办学理念、育人理念、育人目标等，使其蕴藏在文化环境、空间布局中，充分发挥学生社区的前沿阵地作用，实现潜移默化的文化熏陶。这也是"一站式"学生社区区别于传统学生社区的重要特点，即可以通过不同的空间建构展现出多元化的育人功能，营造积极向上的社区文化氛围，为学生的全面健康发展提供有力支撑。

3. 注入育人要素，强化学生社区空间育人功能

学生社区作为高校思想政治工作体系的重要组成部分，需要不断增强自身的思想政治教育功能。其一，要转变观念，打破学生社区物理空间注重"颜值"的传统，挖掘物理空间的"言值"，打造"会说话的风景"，赋予社区空间教育价值属性和教化功能。其二，打破对学生社区空间单一使用属性的认知，打造多功能的复合型空间，提高社区物理空间的利用效率和效益，如在自习室、公共活动空间增设阅读区、党史学习角、英语角等，对空间进行分时段分区域管理，既满足学生的多样化需要，也满足育人的需求，实现学生社区空间的全方位育人，让学生在享用社区空间资源时，也能达到教育的效果。其三，创新形式，不断提升社区空间的隐性思想政治教育功能。在学生社区，除必要的居住空间、学习空间外，还可以打造如纪念空间、仪式空间、文化空间、技术空间等多样化的空间形态，也可修筑传统文化墙、打造红色文化走廊、名人大道等，营造浸润式的育人环境。此外，学生社区也

可对宿舍楼、餐厅、讨论室、影音室、健身房、"健心房"等进行功能属性命名，赋予社区建筑空间文化内涵，将育人要素深入学生生活的方方面面，拓展学生社区空间的育人功能。学生社区还要注重以社区环境为主体的文化建设，比如书院门牌的设计，橱窗、宣传栏的使用等，通过在门厅、院落等公共区域布置具有书院鲜明特色的文化标识，可以加强书院的文化育人效果，提高学生的自豪感与归属感。

江苏大学以"书院制"为抓手，积极引导院校领导、心理教师、辅导员等进驻学生社区担任管理者，并通过选举楼长、层长、寝室长等方式，厘清各书院管理模式，拓宽全员育人途径。在物理空间保障方面，各书院根据办公地点、面积，结合实际需要，对物理空间进行设计改造，将每个书院打造成多功能、综合性的学习生活场所。其中之一就要满足书院分管领导、书院专兼职辅导员的办公需求。以办公室为主体的办公空间，应囊括学业导师、学生社团和组织、后勤保障管理人员等工作空间。学生社区应设立党建活动室、谈心谈话室、档案室、会议室、自习室等教育管理场所，兼容影音室、健身房、茶吧等个性鲜明的休闲场所。在文化环境建设方面，学生社区应积极挖掘育人资源，探索育人途径，以学习学业为基础，开展理想信念教育、劳动教育、美育等特色实践课程，促进学生全面成长，引导学生积极参与学生社区建设，让各书院实现"五育并举"，实现全方位育人。

第二节　文化环境建设

一、学生社区文化环境建设的必要性

"一站式"学生社区是大学生在校期间生活、学习、活动的重要场所，学生社区文化是校园文化的重要组成部分，营造积极向上的学生社区文化对学生价值观塑造、审美情趣培养、思想观念引导、行为方式导向等都有着潜移默化的影响。因此，高校在推进"一站式"学生社区建设的过程中，一定要将学生社区文化环境建设放到一个相对重要的位置上。

1. 学生社区文化是高校文化不可或缺的组成部分

校园文化是一所高校区别于其他高校的标志与象征，是高校核心理念的体现，凝聚着高校的办学理念与人文价值。学生社区文化以学生宿舍区为核心，贴近学生生活，体现学生价值取向，既是校园文化理念在学生社区的具体呈现，也是对校园文化的补充与延伸，丰富了校园文化的内涵与外延。学校可以结合学校的校史和学科特色去主动建立独有的学生社区文化理念，让学生围绕对应的学生社区文化理念开展各类有意义的活动，营造良好的学生社区文化氛围，培养学生爱校、爱社区的深厚情感。学生社区是每位学子停留时间最长的一个地方，优良的学生社区文化对学生成长成才有着至关重要的作用，学生社区文化通过影响社区内的每一位学子，使学生社区文化遍布校园的每一个角落，有利于增强学生的群体认同意识，激发学生的集体责任感，从而有利于促进学生构建和谐的人际关系，强化与他人的交流合作。"一站式"学生社区文化建设可以强化学生的主体意识，让学生真正成为社区的主人翁，鼓励学生自发地去营造积极向上的学生社区文化。在学校的引导下，学生社区文化朝着积极健康的方向发展。

2. 学生社区文化环境是发挥环境育人功能的重要保障

学生社区是学生生活、学习的重要场所，是校园文化建设的重要延伸区域，是学生的第二课堂。因此，高校在推动"一站式"学生社区建设的过程中有必要营造积极健康向上的学生社区文化，充分发挥学生社区文化环境育人的功能。数据表明，学生在学生社区度过的时间约占整个课余时间的80%。心理学家库尔特·考夫卡在其场域理论中指出，人的每一个行动都是被他所生活的场域影响的。根据这一理论，学生所处的学生社区就是一个场域，学生受到来自场域中的文化对他们的影响，进而影响他们的行为。学生社区文化建设可在润物细无声中实现对学生的熏陶，充分发挥环境对学生的培育功能。

二、学生社区文化环境建设的问题分析

学生社区是学生在校期间学习生活的重要场所，积极向上的学生社区文化对于学生的成长成才具有促进作用。学生社区文化也是校园文化的重要组成部分，是校园文化的扩展和延伸，打造积极向上的学生社区文化对学生大有裨益。纵观国内高校，学生社区文化建设尚处于起步阶段，但很多高校在学生社区文化建设方面都已做了不少的探索，也取得了不错的成绩。然而，当下的高校学生社区文化建设依然存在着重视度不够、理解偏差、缺乏顶层设计、组织力量薄弱、行政色彩浓厚、学生主体性差等困境。

1. 理解存在偏差，内涵把握不够

目前，大部分高校都在开展学生社区文化建设活动，但在学生社区文化建设的重要性认识上依然存在着较大偏差。这种偏差主要体现在：一是部分

高校管理者在推动"一站式"学生社区建设的过程中并没有清晰地认识到宿舍区到学生社区的变化不单单是名称的变化，它被赋予了更多的内涵。在传统的认知里，宿舍区的主要功能就是住，解决的是学生的住宿问题，重点在于硬件的建设，由此导致的是在指导学生社区建设的过程中将学生硬件建设放在主要位置，忽视了学生社区文化建设的重要性。二是高校在开展学生社区文化建设的背景下，只关注提供自习室、活动室等学习和娱乐场所，片面地将学生社区文化建设理解为对学生硬件条件的提供与改善上，没有领会到学生社区文化建设的深层次内涵。

2. 缺乏顶层设计，组织力量薄弱

针对学生宿舍区的管理，国内高校已经探索出社区制、学区制、学院制、混合制等多种管理模式。管理模式不分好坏，但都需要承担起文化建设的职能，问题也随之产生。很多高校在学生社区文化建设过程中缺乏顶层设计，导致学生社区文化和校园文化割裂，二者不能很好地衔接，以至于在学生社区文化建设中缺乏校园文化的底蕴。结果就是学生社区文化建设相对来说较为独立，缺乏统一管理，各部门之间责任分散，步调混乱，各个部门闭门造车，各行其道。此外，学生社区文化建设的专业队伍与组织实施力量的缺乏，也导致高校无法较好地指导学生社区文化建设，无法落实文化建设相关举措。这些都给高校学生社区文化建设带来了巨大的阻碍。

3. 行政色彩浓厚，学生主体性差

当下，高校在推动"一站式"学生社区建设的过程中往往是通过学生社区管理部门在管理的基础上开展文化建设，忽视了学生作为学生社区的主体应当发挥在学生社区文化建设方面的主体作用。目前，高校学生社区文化建设大部分依旧是由职能部门规划、推动，学生被动参与。从文化氛围的营造到文化活动的开展，学生始终都处于被动接受、被动参与的状况，高校学生社区采取的是一种"自上而下"的文化建设模式。在这样的建设模式中，职能部门始终占据着主导地位，取代了学生作为学生社区主人的主体性地位，这种模式下建设出的社区文化，学生的融入性较差，也无法取得学生对学生社区文化的认同。

三、学生社区文化环境建设的实施路径

当前，高校学生社区文化建设整体处于起步阶段，很多地方并不完善，难以走深走实。要想更好地建设学生社区文化，首先要改变学生固有的认

知，增强学生对社区文化的认同和理解，同时要通过增强学生的主人翁意识，发挥学生的主观能动性。从高校人才培养的角度来看，积极向上的学生社区文化对学生的成长成才有着积极的作用，高校应当重视学生社区文化建设，并在加强学生社区文化建设的同时引导学生、调度学生参与社区文化建设；从教师育人的角度来看，学生社区文化有利于发挥文化环境育人的功能，教师在教育引导学生的同时可以走进学生生活，增加课堂教学的实践性和实用性，也可以拉近师生间的距离；从学生的生活学习角度来看，学生社区是其学习生活的重要场所，打造丰富多彩的学生社区文化有利于增强学生的认同感，增加其获得感，对于其学习、生活都有一定的帮助作用，对于他们的成长成才大有裨益。

1. 加强顶层规划设计，做好文化建设保障

高校在构建"一站式"学生社区的过程中，需要将学生社区的文化建设放置到学校整体的文化建设布局中来。高校可以通过采取校领导统一部署、相关职能部门牵头负责的方式，有序地开展学生社区文化建设工作，从而避免实施过程中的漫无目的，实现建设的步调一致和整体统一。开展社区文化建设是一个复杂的工程，建设的过程需要各种配套制度、机制保障、人员队伍、经费支持的到位。在配套制度上，高校需要在学生社区文化建设之初将学生社区文化建设纳入校园文化建设的体系中，以发文的形式确立学生社区文化建设在学校阶段工作中的重要地位；在机制保障上，可以由学生社区的管理部门作为牵头单位，要求相关职能部门、各学院二级单位做好配合，合力开展学生社区文化建设，推进学生社区文化建设；在学生社区文化建设的过程中，要加强人员队伍的建设，提升队伍执行力、创新力，不断完善学生自治队伍建设，强化学生主人翁意识，发挥学生主动性；学生社区文化建设也需要有相应的经费支持，高校应当设立专项经费支持学生社区文化建设工作。

2. 重视学生社区文化建设，营造学生社区文化氛围

"一站式"学生社区文化建设的首要任务是高校要充分认识到学生社区文化建设的重要性。学生社区文化建设是校园文化的重要组成部分，优秀的学生社区文化有助于大学生的成长成才，高校理应将学生社区文化建设放在学校人才培养的战略高度上对待。学生社区文化建设是系统性工程，因此不仅要做到硬件上的提升与保障，更要将校园精神注入其中。目前，国内"一站式"学生社区的建设尚在摸索阶段，各高校可以通过学习借鉴兄弟院校的经验与做法，取长补短，形成自己的文化品牌建设。高校在进行学生社区文

化建设的过程中，可以通过宣传橱窗、宣传海报、电子显示屏、新媒体平台（如微信公众号）等渠道营造浓厚的学生社区文化氛围，实现环境育人润物细无声的效果；高校也可以通过开辟学生社区文化活动场所，建设自习室、活动室来开展学生社区文化活动，还可通过举办学生社区文化节、文明建设月等特色活动来打造高校学生社区文化品牌。

3. 强化学生主人翁意识，充分发挥其主观能动性

"一站式"学生社区文化建设应充分发挥好学生的主体性作用，坚持围绕"三自"教育理念，实现社区学生组织的自我管理、自我教育、自我服务，避免将学生组织简单地当成被动开展各项文娱活动的职能部门，从而充分保障学生在社区中的主体性地位。为确保学生自治组织的高效运作，高校应当指导学生组织建立完备的制度；抓好学生队伍建设，注重学生骨干的选拔和培养，建设一支具有强凝聚力和执行力的学生干部队伍；高校在社区文化建设之初，应当坚持"从学生中来，到学生中去"的工作方法，广泛收集学生对文化活动的意见与建议，尊重学生意见；在学生社区文化建设过程中，应当做到信任学生，发挥学生特长，培养创新意识，提升综合素质。高校"一站式"学生社区文化建设不可能一蹴而就，它是一项系统性的复杂工作，需要高校凝聚共识，心往一处想，力往一处使，加强对学生社区文化建设的顶层规划与底层设计，在不断摸索中逐步完成学生社区文化建设。

4. 增强学生社区文化日常宣传，不断加深学生文化认同

高校在推动"一站式"学生社区文化建设时，可以在开展党日活动、团日活动、文体活动的过程中宣传学生社区文化建设与学生间的关系，引导学生逐步领会学生社区文化的内涵，并感受学生社区文化对于其成长成才的重要性，从而加深学生对学生社区文化的认知，提升学生对学生社区文化的认同感，厚植学生爱学生社区的情怀，进而拉近学生与学生社区文化的距离。在具体实施过程中，为了更好地满足学生对社区文化的需求，高校可以通过开展学生社区文化建设类的比赛，借比赛的契机将优秀学生社区文化成果向学生展示，充分调动他们的积极性和自主性。通过比赛，学生可在实践中建设、了解、认同学生社区文化，在发挥能动性的基础上增强自身对学生社区文化的深层次理解，进而达到学生对学生社区文化的共情共鸣，营造出浓郁的学生社区文化建设氛围。高校也可以通过开展主题班会、座谈会等方式，向学生展示学生社区文化建设的总体蓝图，从而让学生明晰学生社区文化建设的深刻内涵和重要意义。

第三节　数据平台支撑

加强平台化、信息化建设，依托互联网思维、大数据技术驱动社区治理效能，擘画精准育人蓝图，是"一站式"学生社区建设发展的显著特点与创新优势。各高校应结合学生社区育人实际情况，坚定地以"一站式"学生社区建设为核心，以数字赋能为支撑，以学生"服务"为导向，打造出全方位、全过程、全生命周期的学生社区服务平台。要将智能化手段全面嵌入学生社区治理各领域、各环节，将原有的各类资源、设备和信息进行整合，实现社区数据的电子化和事务处理的自动化。高校要和智慧校园整体数据形成互动，为社区内学生和各类育人队伍在智能化育人过程中参与的事务、享受的服务及活动的过程提供数据支撑和平台保障。

一、数据平台建设的困境及其原因

高校"一站式"学生社区需要建设大数据集成平台，通过对学生各类网络信息的收集、管理、分析和利用等，为学生提供特征画像、行为预警、智能推荐、智慧评价等精准化服务。但受制于高校学生大数据管理应用的体制机制、能力水平及其与学生社区建设的结合度等因素，"一站式"学生社区建设中的大数据分析与利用大多停留在局部性、阶段性、技术性等层面，难以做到对学生全过程、全方位学习生活大数据的收集、管理、分析和利用，造成既难以为学生社区管理服务育人提供及时、动态的决策辅助信息，也难以为学生提供全面、精准的自我教育信息的局面，具体的原因有如下三个方面：

一是学生社区信息化基础设施建设不到位。一方面，学生社区各区域，特别是学生活动最为频繁的宿舍不具备高灵敏传感器网络，学生生活学习数据的实时性收集存在困难；另一方面，校内各单位之间的"信息壁垒"尚未打通，不同职能部门不愿意共享数据或者受制于技术原因不能实现对海量数据的汇聚、整合与计算。

二是学生社区网络化信息平台建设不到位。一方面，学生社区信息平台建设投入大、门槛高，部分高校望而生畏，不情愿或者没有足够实力投入信息化平台建设；另一方面，网络化信息平台建设更新迭代快、维护成本高，部分高校有心无力，难以保障平台的持续运营。

三是学生社区大数据技术管理应用不到位。一方面，学生社区大数据应用涉及多个部门、众多人员，构建齐抓共管、各司其职的工作格局尚需时日，并且尚未设置严格的管理程序，很难保障数据信息的安全性与使用效率；另一方面，学生社区的大数据应用多处于探索阶段，在数据采集、数据清洗、数据应用、建模分析、可视化呈现上仍存在困难。除此之外，因为大数据在高校思想政治工作中发展并不充分，辅导员尚且难以有效收集、管理和利用学生的大数据，学生社区其他队伍的大数据素养更是有待提升。

二、数据平台的建设路径

高校"一站式"学生社区平台化、网络化、数字化、智能化的发展趋势为实施精准思政提供了技术支撑。在"一站式"学生社区中建设大数据平台，要注意探索学生社区学生的精准画像。高校要以学生社区信息管理平台的数据采集为基础，采用多模态分析技术绘制学生思想动态、认知特征、理论关切、价值选择等多维画像，准确把握社区学生想什么、做什么、需要什么。在社区精准画像的基础上，高校还要结合每个学生的实际情况与行为偏好，运用智能算法推荐将教育内容准确投放到与教育对象相关的智能终端，不断满足学生的个性化需求，以内容的"有滋有味"推动结果的"入脑入心"。在此基础上，高校将学生社区育人队伍、育人过程、育人内容、育人成果统一收录到学生社区信息平台进行汇总与管理。各育人主体可通过合理调动、综合运用平台信息，及时了解学生社区思想政治工作动态，发挥自身特长实现优势互补，不走冤枉路，共筑责任田。同时，高校可利用大数据挖掘、人工智能分析等方式，校准、考量、分析学生社区思想政治工作的过程与结果，自动识别、精细采集、精确辨别了解社区学生的思想行为变化。

1. 融党建与思政进大数据

党建引领作为高校"一站式"学生社区综合管理模式建设试点工作指南中的建设内容，是各高校推进项目建设的重点。在当前打造学生党建前沿阵地的关键时期，高校更应该加强线上建设，"软件"配合"硬件"，确保线上线下联动产生实效。"一站式"学生社区人员组织管理平台包含党组织管理系统、团组织管理系统、育人队伍管理系统，平台以信息化方式协助建立党团组织，构建"一核多方"组织管理体系，对"一站式"学生社区涉及的党/团组织人员、育人团队进行人员管理、考核管理、薪资发放、党建信息传达、党建活动管理等服务，帮助党团干部、辅导员、导师等下沉到学生社区，服务学生。一方面，高校要加强顶层设计，做到外在"红"，这需要在学校文化活动设计组织上下功夫，活动既要是学生喜欢的，又要避免泛娱乐化。可利用易班大数据打造具有红色思想引领的大数据平台阵地，不断建设具有学校特色的红色文化活动，确保思想信念教育不是喊口号而是抓日常，进一步丰富大学生大数据体验，增强大学生的爱国之情。另一方面，高校要加强内容设计，做到内在"专"。可通过易班优课将各类高校多形式的优质思想政治教育课程资源整合共享，充分考虑易班大数据化、碎片化和去中心化的特点，有针对性地开发与之相匹配的内容。还可通过大数据平台推广自主学习，让学生在易班社区享受生活便利的同时，接受思想政治教育，让他们进一步认清自身在中华民族复兴中的职责，坚定走中国特色社会主义道路信念。

2. 完善技术支撑体系

"一站式"学生社区网络平台建设的对象是学生，吸引和强化学生参与要重点考虑学生在"一站式"学生社区生活的成长需求。一方面要加大建设力度。高校应统筹平安校园、智慧校园、大数据中心、学生素质发展中心等建设项目需要，结合各高校实际需求和学生特点，有针对性地开展易班轻应用开发，运用"物联网+云计算"等信息技术，建设学生综合事务管理平台、大数据分析与服务平台，涵盖学生基本信息、思想品德发展、学业水平、身心成长、业余生活等主题，实现学生学期画像、主题画像等特征库在群体共性分析、群体差异性分析、特征关联分析等场景的应用，提升社区育人的精准性。另一方面要强化监督及结果应用，安排专人进行系统管理和数据分析，及时发现学生大数据所体现的管理问题，整合学工、团委、教务、财务、后勤、校医院等涉及学生学习生活服务的事务性功能，真正做到"一站式"服务。"一站式"学生社区技术支撑体系建设主要集中在以下方面。

① 建设"一站式"学生社区公寓管理系统，进行社区网格建设，围绕社区网格建设社区管理队伍，设置社区管理员、楼长、层长、宿舍长等角色，利用信息化建设对区域、楼栋进行可视化管理，实现对楼宇、楼层的全覆盖。② 建设"一站式"学生社区心理咨询系统，提供心理预约、咨询师管理、心理档案登记、心理数据统计查询等多个功能，结合学生行为表现数据，建模评估心理健康状况，并生成个人心理健康报告，记录心理干预前后行为数据变化情况，构建和完善大学生心理问题高危人群预警机制。③ 建设"一站式"学生社区大数据平台，数据中心通过一套科学数据管理方法，

对学校已集成或分散的学生相关数据资源进行梳理、建模、整合，制定标准和管理规范，对学生数据从产生、处理、整合、共享、应用、销毁等全生命周期进行管理，建立学生数据管理体系及学生基础数据库，融合对接现有数据中心、智慧校园等其他已建或将建系统的数据，实现数据的互联互通，支撑学生微服务应用的业务开展。④ 建设日常事务管理系统，疏通全生命周期学生管理工作，包含奖勤助贷、日常管理、心理咨询、医保、征兵、离校等业务模块，方便学生快速便捷地进行业务的申请。⑤ 建设"一站式"学生社区空间管理平台，围绕学生打造"一站式"线上线下服务中心，为广大学生提供更加便捷、高效的服务。网上办事大厅为在校师生提供统一的事务申请和办理服务平台，能将日常事务管理系统中的业务进行聚合整理，通过统一的申请入口、审批入口进行各项事务的处理操作，全方位覆盖全校师生日常生活、工作及学习的相关事务，减少师生线下办理事务的烦琐过程和相关操作。线下服务中心大厅引入智能化终端，整合学生预约、办事、充卡等服务功能，建设学生日常办事窗口的集群阵地，实现学生足不出社区，"一步到位"。⑥ 建设校园各类社区工作站，如社团活动室、互动交流中心、心理指导中心、学习辅导中心等多个公共物理空间，满足学生学习、师生交流、生活服务、活动开展等的需要。

2022 年 9 月 20 日，教育部部长怀进鹏出席 2030 年教育高级别指导委员会会议时强调："以数字化为杠杆，撬动教育整体变革。"教育信息化是促进高等教育高质量发展的重要动力，是提升高校现代化治理水平的必然选择。信息化成为解决书院制改革问题的关键要素。为满足书院制管理需求，江苏大学信息技术与数据管理中心、学工部、书院联合打造书院制信息化，坚持"理念创新、实践革新、成效出新"的理念，建设书院信息化"新生态"，为书院制学生管理提供技术支持，继续提升"一站式"学生社区线上服务平台的功能和服务质量，力求为学生提供更加优质、便捷的服务。

江苏大学以此为着力点，坚持"以学生为本"的宗旨，打造线上+线下两个服务平台，依托已经运行成熟的"大厅式、一站式、专业化"的"一站式"学生事务与发展中心，推进管理、服务资源下沉，全方位、全时空地为学生提供便捷服务。①"一站式"学生事务与发展中心以一体化建设为目标，将各部门、各类别的公共事务所需的办事空间进行整合，并合理组织利用，形成相互支持、各方协同的一体化育人格局。②"一站式"学生事务与发展中心建立学生成长管理服务智慧平台，实现对各职能部门业务的整合与利用，实现智能分析学生数据。中心通过对学生社区消费记录、进出记录、活动记录等数据的收集，深入挖掘分析，及时预警学生是否仍在社区，确保学生在校安全；研判学生生活水平，及时介入社区学生贫困资助工作；分析群体活动规律和成长趋势，深度挖掘学生学习生活、成长发展纪实数据，实现一键画像、过程记录、趋势预警、智能推荐、科学评价等功能，调整社区服务，推进江苏大学管理服务工作的流程优化和制度创新，提升江苏大学社区管理服务工作的科学化水平。

第四节　江苏大学实践：空间保障升级与多元功能开发

一、江苏大学"一站式"学生社区物理空间保障探索

学生社区是实现文化育人的住宿园区，江苏大学始终以立德树人为基本指导思想，以自治为理念，以党建引领为重点，以管理创新为核心，以学生成长为落脚点，缩短人才培养"最后一公里"，全力构建学生社区学生教育体系，将学生社区建设成集"思想教育、行为指导、生活服务、文化建设"等功能于一体的育人阵地。

1. 学生社区居住空间保障

江苏大学因地制宜，科学规划学生社区建设，充分利用现有公共空间，分批统筹推进学生社区功能室建设，对学校原有空间进行迁移和改造，建设十大育人中心、辅导员办公室、谈心谈话室、党团工作室和学生自助服务站等功能室，努力打造集合思想引领、学业发展、安全教育、文化浸润、智慧服务等育人功能的浸润式、互动式社区育人空间。学校致力于建立健全"学校—学院—班级—寝室"四级社区网格化管理体系。这一体系实行辅导员社区轮值制度，确保每个社区都有专业的辅导员进行日常管理和指导。学生社区可组建一支学生安全员队伍，使其承担在社区内定期开展安全检查和隐患排查的重要职责，以及时发现并消除安全隐患，确保社区的安全稳定。学校可依托学生成长智慧平台，为学生社区工作提供精准的数据支持和参考。该平台整合各类学生信息，包括学习、生活、心理等方面的数据，通过智能分析，为辅导员和社区管理者提供有针对性的工作建议和指导。

学校对院内原洗衣房进行改造，建设集多媒体活动室、自习阅览室、学业指导室为一体的多功能室；在院内公共区域布置运动健身器械、休闲设施等；在每栋楼宇配置淋浴间、洗衣房、吹风机、自助售卖机等共享设施设备。"一站式"学生社区应推进管理服务一体化，赋能社区生活，充分满足

学生学习、生活服务、师生交流、活动开展等需要。

2. 学生社区工作空间保障

江苏大学目前已建有大学生活动中心、党团活动室、社团活动室、体育健身室、就业咨询室、心理团体辅导室、沙盘工作室、名师工作室、创新创业工作室、榜样宣传阵地、志愿服务站等十余类"一站式"学生社区活动空间。学校规划建设辅导员之家，立足学生社区，有针对性地对学生进行思想政治引领，提供成长指导和发展服务：通过举办工作研讨交流活动，致力于有效提升学生社区育人质量，推动辅导员队伍向专业化、职业化和专家化方向稳步发展；逐步建设包括大学生社会实践研究中心、团聚青年之家、青年志愿服务区、体音美教育综合区、传统文化教育区、学术指导讨论区、沙龙交流区等功能性活动区，满足社区学生多元化、个性化的思想学习和生活需求。

同时，江苏大学依托心理健康教育中心，强化"社区—院系—班级—宿舍"四级心理健康工作体系，发挥心理咨询师、心理辅导员、心理委员的关键作用，提升心理危机干预处置，面向社区学生开展多样化心理健康宣传教育活动，提升学生的心理健康素养。

3. 学生社区学习活动空间保障

江苏大学将"一站式"学生社区建设纳入学校整体发展规划和人才培养方案，统筹优化社区物理空间和校区建筑规划布局。通过打造功能齐全、设备先进的公共物理空间，江苏大学以书院为主要载体，设置研习活动区、人文艺术区、体育运动区、生活配套区、商业服务区等功能区域，充分满足学生阅读、研讨、咨询、展示、健身、休闲等需求，建立健全学生社区软硬件设施。学生社区配备学习室、活动室、图书室等功能用房，定期举办各类活动，努力为学生提供更加多元化的学习生活环境。江苏大学注重将传承和弘扬中华优秀传统文化作为学生社区文化建设的重要内容，如结合镇江本地非物质文化遗产与中国传统文化在一年中的不同节庆时节举办传统民俗文化体验活动，引导学生在优秀传统文化的滋养中坚定文化自信。

学生社区通过学生社区团务工作站、学生社区社团活动站、学生社区学生服务站来推进各项工作。① 建立学生社区团务工作站，构建"站区点"网格化管理体系，打破学院、年级、专业界限，特设社区功能团支部，推动师生支部结对共建，形成"团委—团总支—社区特设团支部—楼宇团小组"的组织工作链，推动"三会一课"、主题团日等组织生活在社区常态化、制度化开展，实现团的工作对社区楼宇的全覆盖；因地制宜开展特色团建活动,打造团员政治学习、朋辈互助、情感共鸣的学习生活综合体。② 建立学生社区社团活动站,依托学生社团组织,在开学季、就业季、毕业季和重要时间点开展涵盖思想引领、学术科创、文体艺术、志愿公益、劳动实践、国际交流等主题的社区精品文化活动。③ 建立学生社区学生服务站,深入开展"我为学生做实事"实践活动,通过学生组织深入参与社区治理,充分了解、掌握、汇总学生成长发展诉求和生活学习情况,发挥好引领政治思想、服务学习生活、助力校园治理、发挥示范带动的作用。

4. 学生社区服务空间保障

江苏大学通过建设学生社区线下服务大厅和线上服务平台,精准对接学生需求,常态化提供便捷服务。江苏大学学生社区线下服务主要依托江苏大学"一站式"学生事务与发展中心开展,相关学生事务服务功能模块集中在中心大厅内,由派驻单位工作人员统一实施窗口服务。中心坚持"以生为本,服务至上"的工作理念,整合资源,优化流程,着力提升服务广大学生的工作效能和满意度。

通过美化服务环境,优化中心布局,学生社区精心划分了窗口服务区、等待区、自助服务区、会议区等区域功能,并合理布置了办公设备、桌椅、自助服务设备等。这一举措旨在打造一个温馨、暖心的"学生服务之家",全方位保障学生的全面发展与个性化成长。未来,江苏大学将继续完善和优化服务设施,不断提升服务水平,为学生提供更加优质、高效的服务体验。

二、江苏大学"一站式"学生社区文化建设探索

江苏大学学生社区文化环境建设本着强化办学的理念,传承江苏大学精神,弘扬江苏大学品格,凝练积极向上、崇尚科学、追求真理、勇于实践、敢于创新的现代大学精神,构建与当代高等教育发展、江苏经济社会发展和学校事业发展相匹配、整体风格统一而又各具特色的江苏大学社区文化,努力实现江苏大学精神传承入脑入心,学校制度更加科学民主,文化引领更加自觉高效,校园人文环境更加优美,学生社区文化独具特色。

1. 学生社区主题教育

江苏大学结合当前党和国家的重大路线、方针、政策,开展习近平新时代中国特色社会主义思想、党的二十大精神及马克思主义中国化最新理论成果的专题学习,加强大学生思想政治理论教育。① 深化社区思想政治工作

内涵，开展大学生理想信念教育，教育引导大学生把个人的理想追求融入党和国家事业之中，为党、国家和人民多做贡献。② 结合学校"创建农机特色一流大学"等发展目标，开展"知农爱农为农"等专题教育，厚植知农爱农情怀，引导学生把知农爱农的真情实感转化为学农为农的实际行动。③ 围绕党团建设，结合校园文化活动，在学生社区开展主题党团日校园文化、素质拓展等活动，将校训校歌、校史校情、中华优秀传统文化、革命文化、社会主义先进文化等融入其中，依托"青马工程"、师生宣讲团等平台，把思政公开课、党团日活动沉到学生社区、开到学生宿舍，实现党建和思政教育贴近学生、讲在身边、覆盖全员。

2. 学生社区文化活动

江苏大学以加强社区文化的凝聚力和感染力为切入点，开展学生社区文化建设，弘扬中华优秀传统文化、革命文化和社会主义先进文化。江苏大学以社区为单位，组织开展"江苏大学之春"大学生文化艺术节、"金秋江苏大学"新生服务文化节、学生社团巡礼节（图 7-1-1）、高雅艺术进社区等品牌文化活动，如校园歌手大赛、"江苏大学杯""新生杯"篮球赛、课堂笔记大赛、创意集市、研究生学术沙龙、研究生学术经验分享交流会、"江苏大学星期六"、趣味运动会、行走的美育课堂、美育讲坛等形式多样、健康向上、格调高雅的特色活动，营造浓郁的学生社区文化氛围，展现学生社区学子朝气蓬勃、健康向上的精神风貌。

图 7-1-1　江苏大学第二十二届社团巡礼节

3. 学生社区环境文化建设

江苏大学紧贴学生社区内分布学院的发展历史及入住学生的群体特点，结合学生社区名称含义、命名缘由等，综合考虑汉字字形特性、英文翻译等因素，将学生社区名称等进行艺术化处理和设计，建设包括社区名牌、楼宇牌、标识牌等在内的风格统一又彰显社区特色的楼宇标识系统。① 将人文因素有机嵌入学生社区外部环境建设，寓教育引导于环境浸润中，营造宜居宜学、健康向上、活跃繁荣的学生社区楼宇氛围。② 充分挖掘梳理各学生社区蕴含的特色元素和承载的育人功能，开发核心要素并适当拓展，有机融入江苏大学文化视觉识别系统，设计包括办公系列、导示系列、宣传系列、旗帜系列和服装系列等在内的视觉识别应用系统，构建与江苏大学文化视觉识别母系统相协调的学生社区文化视觉识别子系统。③ 加强学生社区内部电子显示屏、公告宣传栏、网站等宣传阵地建设（图 7-7-2），丰富拓展宣传教育载体，优化社区物理空间建设。

图 7-7-2　学生社区"安全文明建设月"主题宣传活动

4. 学生社区美育

江苏大学秉持以美育人、以美化人、以美培元、以美启德的教育方向，大力开展具有时代特征、内涵丰富、品味高雅的书院美育实践活动，定期在各书院内举办学生参与面广、主题积极向上、形式多样的校园文化艺术活动。① 创新美育活动形式，扩大美育覆盖范围，每个书院建立自己的学生艺术部门对接学校公共艺术教育中心及校大学生艺术团，定期举办各书院常规美育活动，打造各书院品牌美育活动，结合书院特点打造代表性的美育育人培养模式。② 持续深入开展高雅艺术进书院活动，积极鼓励各书院组织原创校园歌曲、舞台剧、舞蹈、影视作品的展示与推广。③ 带动艺术团各团学生骨干下学生社区，尝试建设各艺术种类同学互助会，开设学生艺术培训班。④ 指导各书院举办"美育表演周"、"美育快闪"、"行走的美育课堂"（图 7-7-3）、艺术类社团汇报演出等活动，在书院内创设格调高雅、富有美感、充满朝气的校园文化。

图 7-7-3　行走的美育课堂——戏曲专场

三、江苏大学"一站式"学生社区大数据平台支撑的实践探索

学生成长管理服务智慧平台是江苏大学推进"一站式"学生社区建设的重要载体，是江苏大学学工建设的关键环节，进一步提升了江苏大学在学工业务方面的管理效率和服务水平。当前，学生成长管理服务智慧平台有以下特点：数据信息准确，确保与学校各部门数据实时贯通；建设内容全面，确

保可以与省就业、资助、心理等系统和校内各业务系统无缝对接；平台思想创新，确保可以实现学生学业、心理、管理等各项工作提前"预警"。江苏大学结合学校学生工作发展特色，将学生成长管理服务智慧平台建设成集学生入校、管理、离校等各环节，全员、全过程、全方位的思政育人平台。

1. 学生成长管理服务智慧平台建设理念

学生成长管理服务智慧平台采用全新的设计架构，通过"碎片化应用"的方式破除校内学工业务管理的部门边界（图7-7-4）。平台软件建设基于江苏大学信息门户承载 PC 端应用，基于学校企业微信承载移动端应用，建设应用个数80多个；硬件建设内容为学生"一站式"服务大厅预约叫号硬件设备。平台及应用系统软件采用 Java 语言进行开发，业务应用系统必须基于 Oracle11g 或以上版本数据库，支持 JSON 数据交换标准，采用 HTML15+CSS3 结合的前端框架技术开发；采用面向对象的组件技术，着重于开发构成应用程序"业务对象"的可重复使用的组件，并通过业务组件库实现行业知识的积累。应用程序开发与运行结构要基于后台应用服务器和数据库服务器。

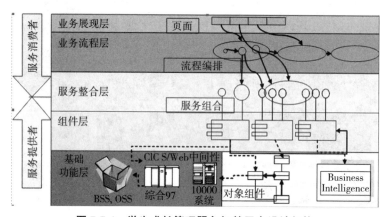

图 7-7-4　学生成长管理服务智慧平台设计架构

江苏大学学生成长管理服务智慧平台以学生基本信息、职权管理、综合事务、辅导员队伍、综合测评、评奖评优、资助管理、社区管理、日常管理、就业管理、学业管理、心理健康系统、迎新系统、离校系统、创新创业学院、团学工作、"一站式"学生社区服务、移动学工服务、"智慧学工"思政教育服务门户等模块内容为主。平台为达到校内系统使用标准统一及系统数据传输的实时性，主要对整体系统进行了以下内容的对接和集成：统一身份认证系统集成、统一消息平台集成、应用集成、第三方系统集成、数据集成（图7-7-5）。

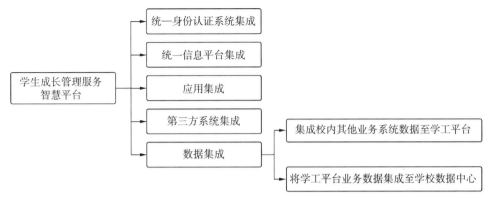

图 7-7-5　江苏大学学生成长管理服务智慧平台内容架构

（1）统一身份认证系统集成

平台集成校内统一身份认证系统，平台用户可通过校内统一身份认证通过校内信息门户或企业微信直接访问系统，做到单点登录。

（2）统一信息平台集成

平台集成校内统一信息中心，系统信息通过发送至校内信息中心显示在用户信息门户及企业微信中。

（3）应用集成

平台将应用以碎片化形式集成至学校信息门户及企业微信中。

（4）第三方系统集成

平台将除建设内容外的其他与学工业务相关的系统集成至学工平台中，统一登录端口，并对于部分需上报数据的系统提供数据上报功能，一键导出上报数据。

（5）数据集成

① 平台内集成了学生学籍信息、教职工基础信息、学籍异动信息、图书馆借阅信息、财务欠费缴费信息等数据，主要用于服务学工相关的日常管理工作。

② 平台内学工系统相关业务数据通过 ODI 工具每日定时同步至学校数据中心，目前同步接口数量 40 多个。

2. 学生成长管理服务智慧平台建设做法

江苏大学学生成长管理服务智慧平台是集教育、管理、服务于一体的智能决策应用分析平台（图 7-7-6）。平台运用大数据和人工智能等新兴技术，实行校院两级管理，实时感测、分析、整合学生工作相关核心系统的各项关键信息，在学校"三全育人"的大背景下，对学生和教师的思想引领、素质拓展、能力提升、心理疏导、成长轨迹、风险预警等各种需求做出智慧响应，实现管理与服务的科学决策。

图 7-7-6 学生成长管理服务智慧平台界面

3. 学生成长管理服务智慧平台建设成效

江苏大学学生成长管理服务智慧平台从 2023 年 7 月份正式上线运行，运行情况较好，解决了学校对于学生从入校、在校期间到离校期间的管理工作，提升了学校在学工业务方面的管理效率和服务水平。目前，平台累计访问量超 120 万，累计访问人次 60 万余，学生访问占比 88%；学工平台业务发起数 23 万余；学工平台管理及查询用户数 300 余；1.3 万余名学生通过系统完成迎新报到以及离校手续办理；3 万余人次通过系统完成评奖评优；系统累计记录 2.5 万余受助人次；1.2 万余名学生通过系统完成宿舍调动及调整；11 万余人次通过系统完成日常业务办理（图 7-7-7）。

图 7-7-7 学生成长管理服务智慧平台建设成效

学生成长管理服务智慧平台根据系统实际使用情况，对系统进行持续优化迭代，提高用户满意度。该平台将继续优化就业、心理、资助、辅导员、预约服务、智能查寝、宿舍门禁等模块。同时，该平台将根据系统的全面上线情况逐步提高预警功能的使用，对学生预警情况做到提前熟知、提前判断、提前解决。学生成长管理服务智慧平台通过便捷、灵活、智能的信息化管理工具和服务产品，让学生工作管理更精细、服务更人性化、育人更具成效，它通过智能化服务，如图形化数据、移动化管理构建新型智能师生服务体系，切实提升师生服务体验。

第八章 江苏大学"一站式"学生社区建设典型案例

江苏大学以习近平新时代中国特色社会主义思想为指导，紧紧围绕落实立德树人根本任务，强化基础、突出重点、建立规范、落实责任，探索开展学生社区"网格化"管理，大力推进"一站式"学生社区综合管理模式建设试点工作，推动学生社区教育培养模式、管理服务体制、协同育人体系、支撑保障机制改革，践行"一线规则"，把校院领导力量、管理力量、思政力量、服务力量压到学生中间，打造富有学校特色、体现思政要求、贴近学生实际的生活园区，推动形成全员、全过程、全方位的育人格局，并在实践中形成了一系列具有一定借鉴意义的经验做法和典型案例。

第一节 育人场域建设

一、基于"三全育人"综合改革的学生社区育人共同体

江苏大学深入学习贯彻习近平总书记关于教育的重要论述，以深化全员书院制改革为抓手，按照"高点定位、高标设计、稳步推进、逐步完善"的工作思路，充分发挥双院协同育人合力，不断完善"一站式"学生社区建设体制机制，积极构建党建引领、思政引导、资源集聚、智慧赋能、融合共治的"一站式"学生社区育人共同体，推动学校"三全育人"工作提质创新，努力将"一站式"学生社区建设成坚持党的领导的重要载体、践行"一线规则"的最好抓手、防范风险挑战的前沿阵地、培养时代新人的创新场域。

（一）创新组织机制，构筑学生社区党建引领新高地

一是优化支部设置，让社区党建活起来。积极创新社区党支部设置形式，为学生党建工作注入新的活力。围绕学生个性化培养这个重点，在宿舍楼栋、楼层、学生组织中建立功能型党支部，引领带动社区不同学科、不同

专业、不同年级学生进行人际交往、信息互动，形成文理知识交融、不同学科共融的育人环境。要以重大项目、科研平台或特定任务为纽带，构建师生联合党支部，确保在关键领域和重点任务中充分发挥党员的先锋模范作用。此外，还需建立学生社团党支部，以党建为引领，增强社团的政治性、先进性和群众性，提升社团成员的党性修养和政治觉悟。

二是激发思政效能，让社区党建强起来。① 建立"校党委—社区党工委—书院党总支—楼栋党支部—楼层党小组"五级网格化党建工作体系。校、院两级领导班子成员和职能部门负责人带头担任学生社区"楼长""层长"，了解学生思想状态、生活状态和发展需求，及时解决学生"急难愁盼"问题。遴选辅导员、骨干教师担任楼栋党支部书记和支部委员；从优秀学生党员中选优配强楼层党小组组长，并配备 1 名党建指导教师。② 采用视频学习、研讨学习、实地学习等多元化的学习方式，构建"个人+党小组+党支部"的联合学习矩阵，利用"学习强国"等学习平台，创建学习型党支部。③ 建立书院分党校，组织师生党员开展集中学习和培训，确保高质量党建在学生社区得到有效延伸和拓展，进一步巩固思政育人的前沿阵地。

（二）汇聚资源力量，打造学生社区育人新场域

一是践行"一线规则"，推动力量下沉。推动校领导班子带头进学生社区、进课堂，选聘领导干部担任学生社区"楼长""层长"。辅导员全员进驻学生社区值班，与学生同吃、同住、同生活，做到全员覆盖、全时保障，及时解决学生的各类问题。以宿舍为单位选聘专任教师担任学生学业导师，选派优秀青年教师担任学生科创导师，100%覆盖本科生，实现"教师人人当导师，学生人人有导师"，常态化开展"知识传授、价值塑造和能力培养"。

二是优化空间布局，共筑育人载体。结合学校实际改造现有社区，优化社区物理空间，开辟党团活动、谈心谈话、研讨交流、学业辅导等多个功能室，为育人队伍进驻社区服务学生提供空间支持。围绕学生学习生活需求，成立社区学生医疗服务中心、劳动教育指导中心、学生成长指导中心等十大育人中心，有效推进学校、院系和职能部门之间的协同工作，通过实施过程性规范和伴随性指导，致力于打造一个紧密的师生共同体，实现教育资源的优化配置和高效利用。构建一个师生共同参与、相互支持的教育生态，促进师生之间的深入交流和互动。

（三）完善数智服务，形成学生社区育人新引擎

一是健全"数据网"。① 建立全校大数据信息平台。构建一体化大数据平台，消除数据孤岛，实现无缝数据流转与共享，学生将能够便捷地通过屏幕完成信息查询与业务办理，极大提升了效率。②建立学生成长管理服务信息平台。该平台不仅深度挖掘了学生的学习生活、成长发展等纪实数据，还综合观测了学生的上网记录、校园消费、宿舍管理及学业成绩等多维度信息。学校通过对网络、消费、门禁等各方面的横向统筹，实时把握学生动态，降低数据冗余，充分掌握学生的选课情况、学习成绩、党团活动、科创实践、心理状况等，实现对学生的一键画像、过程记录、趋势预警、智能推荐和科学评价，有效提升数据使用的效率与准确性，为精准管理与服务提供有力支撑。

二是完善"服务网"。江苏大学集中整合12个与学生事务相关的部门，成立"大厅式、一站制、专业化"的"一站式"学生事务与发展中心，积极推动窗口服务平台、网上服务平台、自助服务平台"三位一体"融合发展，实现"一键办理、一网通办、一站办结"。教学区、学生社区建成24小时自助服务区。学校坚持以"服务+引领""服务+发展"为特色，举办"新生服务季""毕业服务季""留学服务季""壹课堂""一窗一品"等特色专项服务活动，将思想带动、价值引领浸润其中，搭建社区服务育人大课堂，提升思想政治教育实效。

（四）推进融合共治，筑牢学生社区平安新阵地

一是建强学生自我管理"主力军"。成立大学生自我管理委员会，下设思想引领与学风建设分会、学生社区管理分会、勤工助学服务分会、朋辈心理互助分会及职业发展与就业服务分会。这些分会涵盖了学生在社区生活的各个方面，包括住宿、事务办理、志愿活动、权益维护、勤工助学、心理健康和就业指导等，鼓励引导学生主动承担社区管理服务工作，参与学生社区自治和管理工作，将学生参与社区工作表现作为学生综合评价的重要指标，激发学生参与热情。选聘寝室长作为社区网格员，定期开展安全、法纪、心理、资助、学业规划等系列培训，遴选学生党员、学生干部、入党积极分子等担任社区"楼长""层长"，实现"一名党员，一面旗帜，一间模范寝室"，通过朋辈榜样示范和引领，提升整个社区网格化管理的水平和效果。

二是建构学生社区安全"防护网"。充分发挥学生社区前沿阵地优势，通过专题讲座、网站专栏、微信公众号、专题展板、社区橱窗、横幅等多样化的宣传手段，广泛开展形式多样的学生社区安全法治宣传教育。结合全民国家安全教育日，联合市国家安全局，通过横幅签名、微信推送等多种形式，进行国家安全教育，强化学生国家安全意识。强化反诈防诈教育，以社区为阵地实现防范电信网络诈骗告知书全员送达，国家反诈中心 App 下载全员完成，辅导员进宿舍开展防诈骗主题教育全覆盖。加强校警联动，学校、学生社区共建警校联席工作驿站，设立专门的防范电信网络诈骗宣传点。此外，邀请公安干警为师生举办专题培训讲座，并与警方联合制作防诈宣传视频，以多元化的方式普及防诈知识，有效促进平安校园的建设。

学校系统推进"一站式"学生社区建设育人模式改革，打造"一站式"学生社区育人共同体，并取得了显著成效：获评教育部高校"一站式"学生社区综合管理模式建设质量评价 A 等级（全省共 7 家）；多次获得中国国际"互联网+"大学生创新创业大赛金奖；荣获教育部华中师范大学心理援助热线平台"优秀集体"；校心理协会获评共青团中央高校百佳心理健康社团（全省共 7 家）；涌现出一批以江苏省"辅导员年度人物"、江苏省"大学生年度人物"等为代表的师生典型；获 2023 年度江苏省高校网络思政"金微课"二等奖；在"2023 智慧育人学工新生态峰会"上作《深化"三全育人"综合改革，推进"一站式"学生社区建设》主旨报告；4 项成果获全国高校"一站式"学生社区风采展示优秀成果奖；多次在"高校思想政治工作形势报告会"等省级以上"一站式"学生社区建设工作会议上受邀作典型发言；成都大学、西北农林科技大学、兰州理工大学等 30 多所省内外高校来校调研学习；省教育厅网站、苏思享等媒体平台多次报道江苏大学"一站式"学生社区建设经验做法；等等。

二、以"一站式"学生社区立体场域提升铸魂育人实效

"为谁培养人、培养什么人、怎样培养人"是教育的根本问题，也是建设教育强国的核心课题。"一站式"学生社区建设是做好这一核心课题的关键内容，是中国特色社会主义大学治理体系下学生管理模式改革的重要途径，需要高校同向发力、同题共答。高校要把"一站式"学生社区建设作为推进落实"时代新人铸魂工程"的重要载体，积极构建党建引领、思政引导、资源集聚、智慧赋能、融合共治的"一站式"学生社区育人共同体，将"一站式"学生社区建设成坚持党的领导的重要载体、践行"一线规则"的最好抓手、防范风险挑战的前沿阵地、培养时代新人的创新场域。

（一）高位推动，打造学生社区育人强引擎

"一站式"学生社区建设是高校深化"三全育人"综合改革的主要途径，是落实"立德树人"根本任务的重要抓手。学校党委要始终坚持把

"一站式"学生社区建设作为"一把手"工程来抓，纳入学校重点工作进行高位谋划和高标部署。要成立以校党委书记和校长为组长的"一站式"学生社区建设工作领导小组，党委书记履行学生社区建设第一责任人职责，将学生社区建设工作作为常委会、校长办公会重要议题，定期召开专题会议进行研究。组织召开"深化'三全育人'综合改革，推进'一站式'学生社区建设"工作会议，统一思想，凝聚共识，全面部署推进各项工作。制定"一站式"学生社区建设年度工作要点和任务分工表，明确各牵头部门的工作目标和工作职责，推动各部门出台推进落实文件制度，精心制定具体措施，落细落实各项工作。强化责任落实，制定"一站式"学生社区建设工作考核方案，将"一站式"学生社区建设工作纳入学校年度综合考核，与各部门年终考核挂钩，充分调动各部门积极性。出台《"一站式"学生社区建设实施方案》，建立职能部门工作协调联动机制，每月定期召开工作推进会，形成党委统一领导、有关单位各负其责、全员协同配合的工作格局。

（二）党建引领，创新学生社区育人新体系

优化党建引领育人模式，全面贯彻党的教育方针，不断夯实育人主阵地，健全"一站式"学生社区工作机制，形成党的领导"纵到底、横到边、全覆盖"的社区党建工作新体系。完善党员责任宿舍网格化管理、党支部结对共建等工作体系，建设党建思政园地、党员示范岗，设立"青春领航"党员工作站，引领广大党员主动"亮身份""树形象"，带领学生听党话、跟党走。

（三）力量下沉，筑牢学生社区育人新阵地

"一站式"学生社区建设工作关键靠人靠队伍，要让队伍走得进来、留得下来、协同联动起来。高校要深入践行"一线规则"，着力解决力量"集结"问题，推动全校优质育人资源和力量汇聚学生社区，为学生成长持续护航。校领导要带头践行"一线规则"，深入学生社区为学生主讲"开学第一课""毕业生最后一课"等，引导学生重温红色历史，牢记领袖嘱托，践行青年使命。诸如，开展"书记下午茶""校领导进社区、面对面话成长"活动，深入了解学生学习和生活情况，实现"师生零距离、反馈零时差"；推进全国高校"双带头人"、全国党建工作样板支部进学生社区，邀请思政课教师、产业专家、优秀校友等先进群体力量进学生社区，带领党团青年学习党的先进理论知识，不断增进对党的创新理论的政治认同、思想认同、理论认同、情感认同；推动辅导员进驻学生社区，与学生同住同吃同生活，与学生交流交心交朋友；将学生事务相关部门集中整合，成立"大厅式、一站制、专业化"的"一站式"学生事务与发展中心,打造"精准化"学生社区智慧服务平台,构造集价值引领、成长助力、资源整合为一体的数字化育人工作矩阵。

（四）以文化人,营造学生社区育人新氛围

"以优美环境滋养学生,以校园文化熏陶学生,以创新平台服务学生",实现学生浸润式成长。要不断优化社区物理空间布局,建成党团活动室、心理咨询室、图书资料室等公共空间,打造温馨和谐便利的社区环境,塑造别具魅力的"学在书院、乐在书院、成长在书院"的生活方式。要依托"一站式"学生社区育人阵地,注重文化环境对学生的引导规范作用,将传统文化与学校元素相结合,在公共区域装饰红色元素和名人寄语,用场域文化影响学生,在潜移默化中对学生进行情感教育、精神激励和价值观塑造。充分利用社区劳动教育资源,开展"劳动之星"评选、"劳模进社区"、"工匠面对面"等活动,推进课堂教学与劳动实践相融合,提升育人的温度和效度。举办心理健康教育节、"江心'悦'伴"心育活动、心理团体辅导等,为学生提供零距离、全方位的心理健康服务。积极推动"一站式"学生社区与"第二课堂"协同共建联动,学生社团以社区为阵地开展各类活动,在社区创办思政教育"行走的课堂",开展"美育讲坛"、艺术团快闪等,推进思政课程与课程思政同向聚合。打造"每月一主题、月月有活动"育人品牌,实现文化活动社区化、体育活动常态化、劳动活动新颖化、创新创业精品化,让文化育人伴随学生成长成才全过程。

三、基于特色书院建设的"一站式"学生社区建设

江苏大学始终坚持以习近平新时代中国特色社会主义思想为指引,紧紧围绕立德树人这一根本任务,大力推进"一站式"学生社区的综合建设。学校以书院制为重要依托,积极推动教育资源向基层下沉,成功打造了一批既具特色又有显著育人成果的书院。

在这些书院中,静湖书院的表现尤为突出。针对入驻学生全部为女生的特点,静湖书院在教育模式上进行了大胆拓展与创新,特别强调了文化特色的培养。书院确立了思想教育与专业建设并重、文化素养与专业技能共同发展的教育理念,同时融入传统文化与女性文化的精髓,形成了新时代、新内涵、新女性的"全人教育"模式。

静湖书院不仅注重教育的外在形式,还注重自身内涵式发展。书院致力

于培养具有"三气"的新时代女大学生，希望她们能够"不负时代，不负韶华，不负党和人民的殷切期望"。通过一系列的教育实践，静湖书院不仅助力女大学生全面成长，更为她们汇聚了强大的精神力量，形成了自己独树一帜的书院育人体系。

（一）营造"家"文化

书院通过对环境建设、制度建设、课程建设等方面进行优化统筹，让师生都浸润其中，使其在"家"文化的滋养中实现自我价值，同时留住青春校园的温情与根脉。书院办公区设立自习室（求索阁）、会客厅（朋来阁）、研讨室（争鸣堂）、职业生涯规划室（致远阁）、心理咨询室（解忧斋）、洗衣房（濯清室）等，为书院学生创造和谐美满的家庭氛围，通过给每一座楼宇、每一间宿舍赋予一个温暖的名字，让每一位学子都能感受到名字背后的文化情怀。

在"兼容并蓄，静水流深"的育人理念指导下，书院不仅注重知识的传递，更致力于家文化的传承与弘扬。为此，书院特别开设了以"工匠精神""科学家精神""教育家精神"及"新农人精神"为主题的思政小课堂，旨在通过这些课程引领书院学子在人生观和价值观的塑造中融入家的理念与情怀。

以"新农人精神"思政小课堂为例，书院教师不仅在课堂上传授理论知识，更通过社会实践活动带领学生们深入田间地头，亲身体验农耕文化。在这一过程中，老师们将"家"文化的元素融入教学之中，让学生们感受到农业不仅是家的象征，更是国家的根基。通过理论与实践相结合的方式，老师紧密联系农业装备的发展历程，使思政教育不是停留在书本上，而是真正做到了入眼、入耳、入脑、入心。这样的教学方式不仅让学生对农业有了更深刻的理解，更激发了他们的家国情怀，引导他们树立知农爱农的意识，将个人的发展与家族、国家的命运紧密相连。

静湖书院还通过开展活动达到寓教于乐的效果，例如：策划举办"我身边的'雷锋'"摄影大赛，鼓励同学们观察身边的好人好事，用镜头展现身边"活雷锋"的感人瞬间，激励广大学生积极参与新时代文明实践行动，以实现学美、颂美为目标，通过寻美、传美的活动，营造争当新时代"雷锋"的校园氛围。静湖书院系列活动通过共享精神生活不断提升书院学生的获得感、满足感和幸福感，在实现情感共鸣的过程中增进情感互动、强化情感认同，从而产生一种稳定的认同感、归属感，用新时代"枫桥经验"打造"江苏大学版"的静湖之家。静湖书院以"营造'家'文化"为核心，通过丰富多彩的活动，寓教于乐，让学生在温馨的书院环境中感受到家的温暖与归属。

静湖书院的系列活动都围绕着如何提升书院学生的获得感、满足感和幸福感展开（图 8-1-1，图 8-1-2）。学生通过共享精神生活，增进彼此之间的情感互动，进而增强自身对静湖书院这一大家庭的认同感与归属感。这些活动的举办不仅丰富了学生的课余生活，更让他们在参与中感受到家的温暖，体验到新时代"枫桥经验"下"江苏大学版"的静湖之家所独有的魅力。

图 8-1-1　校领导走进学生社区当导师　　图 8-1-2　校领导进社区，面对面话成长

（二）传递"她"力量

静湖书院结合"她力量"这一社区特色主题，努力为女生打造一个自立自信、视野开阔、健康向上、全面发展的良好学习环境和优雅的生活环境，在宿舍楼道内设立文化墙展示优秀女性的家国情怀，将书院育人理念直观传递给广大学生，以此营造良好的书院氛围。

静湖书院还借助专业化、专家化的团队特色活动，常态化、多样化、系统化开展女性成长主题活动（图 8-1-3，图 8-1-4）。人文教育、生命教育、性别教育、心理健康教育、婚恋及家庭教育等不断使她们开阔视野，健康成长；丰富多彩且颇具女性色彩的小社团"同好社""草药社""茶艺社""古琴社""汉服社""编织社"等的成立，丰富了书院文化，增进了朋辈友情，

图 8-1-3　我在校园种草药

图 8-1-4　自立自强　成长成才——"三八"妇女节座谈会

使书院呈现了团结互助、和谐友善的集体氛围。静湖书院以"巾帼不让须眉"的豪情壮志和"柔肩勇担重任"的坚定信心，积极弘扬时代新风，让"最美女性"的典范与"最美书院"的雅致、"最美风尚"的品格，共同绽放，落地生根，绚烂生花。

（三）构建"元"宇宙

静湖书院秉承着"物理社区+虚拟社区相融合"的数字文化理念，致力于构建一个融合线上线下多维体验的学生社区，为学生打造更丰富的互动空间，深化师生关系，推动文化和社交的融合。书院倡导现代学习方式，通过先进的数字技术，提供个性化的学习支持。书院为学生提供全面的线下资源，包括智能自习室、数字化研讨室等，以满足学生不同学科与兴趣的需求，使书院成为一个集结各类实体资源的学术和社交中心。虚拟社区是数字文化的重要组成部分，书院搭建专属线上平台，学生通过实名加入的方式参加虚拟研讨，提出建设意见，推动社区文化的创新和发展，从而强化学生与书院的联系，拓展学生社区文化空间，让学生在生活和心理层面都能得到更全面的支持，形成更加紧密的文化社群。

未来，江苏大学将以书院建设为抓手，积极探索"一站式"学生社区建设育人新路径，进一步整合全校优质资源，推进"一线规则"常态化，从制度完善、队伍入驻、书院建设、精品项目打造等方面持续深化"一站式"学生社区综合管理模式建设改革，不断增强学生社区党建和思想政治工作的亲和力、实效性，构筑学生党建前沿阵地、建设"三全育人"实践园地、打造智慧服务创新基地、争创平安校园样板高地。

第二节　书香社区建设

一、传承红色经典和农机文化，打造启智润心书香社区

江苏大学深入贯彻落实习近平总书记给全国涉农高校的回信及对江苏大学的重要批示精神，将习近平总书记关于推动全民阅读、建设书香社会的系列重要指示和"一站式"学生社区综合管理模式建设相结合，搭建共享阅读空间，实施读书工程，传承红色经典和农机文化，构建"引读""研读""诵读""耕读"阅读体系，营造以书为友、与书为伴的阅读氛围，打造熟读精思、探究真理、启智润心的书香社区（图 8-2-1）。

图 8-2-1　江苏大学获批"江苏省书香校园建设示范点"

（一）强化平台建设，以"引读"修身（图 8-2-2）

一是搭建共享阅读空间。在社区设置共享图书空间，采购 240 多种、387 册新版红色图书，设置红色专架，举办"逐梦奋进新征程"主题书展，把图书资源延伸到学生公寓，打通图书服务"最后一公里"，引导学生学以增智、学以塑德、学以致用，营造书香浸润的浓厚氛围。在社区设立图书

"漂流角",紧扣开学季、毕业季、世界读书日、重要节庆日等节点开展主题式图书漂流活动,调研读者需求,共享闲置书籍资源,不断满足学生个性化阅读需求。二是创建爱读书香社团。以"传承和传播中华优秀传统文化"为宗旨,在学生社区成立梦溪诗社、九州青音社、红帆文学社等一批以创作、诵读、研习、传承优秀经典文化作品为主题的社团,开展"师生共读""诗词大会"等各类社团阅读活动,有效激发社区学生阅读新活力。三是拓宽乐读社区阵地。与镇江交通广播、镇江文广集团、金山杂志等单位深入合作,将优秀作品以有声朗读的形式在镇江广播电台、《金山杂志》有声金山栏目播出,通过校内外媒体资源进行宣传,达到育人有声的效果。开设"党史读播台""江大朗读者""夜读·青听"等专栏,让学生在吟唱中华经典中致敬历代先贤、坚定文化自信,汲取精神力量、厚植文化情怀。开展"唱响红歌,朗诵经典"红色主题活动,让学生们走出学校,走进乡间,用诵读拓宽中华经典文化的传播渠道。举办留学生诗朗诵活动,带领广大留学生感受中华文化的魅力,加深其对中华优秀传统文化的理解。四是营造悦读社区氛围。通过孟夏花会诗词雅集、"秋韵诗会"、"古言今颂·小打卡"、"国潮拾趣"、文化体验等形式,选取经典诗词、非物质文化遗产、二十四节气等内容,不断深化学生对中华优秀传统文化的认识与理解,提升社区书香文化的感染力。举办"采撷书香,能文能动"创意读书沙龙活动,在思想碰撞中100%覆盖所有学生,增强学生亲身体验获得感,营造"爱读书、读好书、善读书"的书香氛围。

图 8-2-2　强化平台建设,以"引读"修身

（二）实施读书工程，以"研读"致用（图 8-2-3）

一是建构读书机制。建设"宿舍—楼层—楼栋—书院"四级研读网格体系，实现研读全员参与。以"每日宿舍交流—每周楼层研讨—每月楼栋汇报—每学期书院展示"的工作链条，落实研读全程育人机制，以"多角色共同参与、多品牌精心塑造、多平台联动开展"三大特色，打造专业化学习研究与阅读相融合的全方位育人模式。二是推行社区研读。以习近平总书记读过的部分经典图书为书单，组织"云舟杯"共读一本书、共读好书、"拾光"读书沙龙等社区研读活动，让学生以书为媒，共同探索智慧阅读之道，促使学生在思想的交流与碰撞中增进情感，营造书香社区"共读共享共成长"的浓厚氛围。三是开展立体研读。带领学生走出校园，走进镇江的山水名胜，打卡景点，通过"共读"地方经典、"走读"文化实地、"讲读"文化历史、"研读"收获感悟，拥抱镇江的历史文化。举办"名家讲堂""品阅镇江""轻阅流年""乐阅好书""研阅风雅""智阅江图"等系列书香社区活动，引导青年学子畅游书海传承文明，熟读精思探究真理。四是展现研读成果。举办"耕余拾穗"书评大赛和"读书有感"书评征集活动，通过阅读、书评、讨论等方式，培养学生的思辨能力。组织开展"党的二十大和我的人生路""楷模""群星闪耀伴我行"等读书征文活动，推动学生在阅读中启发思想，激发学生的创造力与想象力，提升阅读素养。

图 8-2-3　实施读书工程，以"研读"致用

（三）阅读红色经典，以"诵读"润心（图 8-2-4）

一是举办红色阅读活动。学校依托泓江书院红色阅读空间，举办"阅无止境，读揽星辰"读书节、经典文献推介会、书香人生等阅读推广活动，成功入选江苏省"高校图书馆红色经典阅读推广优秀案例"。学校联合七里甸街道南徐曙光社区党委和"樊登读书"在学生社区举办"学习百年党史，感悟科技创新"阅读分享活动，书院学生与老党员围绕红色书籍和国家前沿科技进行深入交流讨论，将红色精神融入科技创新。二是选树红色阅读典范。围绕"党的历史""革命精神""民族文化"等主题，选聘校内外专家学者、文化名人担任"红色阅读推广人"，在分享会中引领师生深刻领会红色文化的思想基点。举办寻找"最美书房"、读书风采征集和读者之星颁奖活动，在邀请各书院热爱阅读的优秀教师展示书房、分享读书故事和交流阅读心得的同时，发挥朋辈典型示范作用，掀起社区阅读热潮。三是推出红色经典书单。以开学典礼、读书节等重要时间节点为契机，持续组织开展校长赠送新生经典图书、校党委书记推出必读书单、各书院书记视频荐书等活动，通过立体式书单，引导学生阅读党史经典、民族经典、时代经典、名家著作，鼓励年轻学子在文字中回望初心使命，在思考中坚定理想信念。四是培育红色吟诵品牌。立足于传承和弘扬民族优秀文化，学校每两年在学生社区中举办一次"中华经典吟诵大赛"，参与师生达 2000 余人，是一项深受欢迎、颇具影响的校园文化品牌活动。

图 8-2-4　阅读红色经典，以"诵读"润心

（四）传承农机文化，以"耕读"固本（图 8-2-5）

一是建立耕读教育实践基地。为将乡土文化融入学生社区，将农耕文化内化到学生心中，江苏大学成立了耕读教育实践基地，打造"行走的阅读空间"，让学生将阅读融入实践，通过沉浸式的阅读，激发学生的学习科研兴趣，为乡村振兴贡献小我力量。二是开创社区耕读文化节。依托耕读文化节，举办"我的知农爱农青春故事"主题故事报告会，推出"农业科技创新装备展示"和"团支部风采展示"等耕读活动，引导师生做"知农爱农、强农兴农"文化的传承者、"躬耕田野、担当重任"的实干者、"扎根一线、争创一流"的奋进者。三是举办耕读教育主题活动。依托中国农机文化展示馆，积极将中华耕读文化融入学生社区文化建设，举办"一路同行一路讲、学习永远'在路上'"主题耕读教育研学活动，积极传承学校"工中有农、以工支农"鲜明办学特色和独特文化情怀；开展"开卷话春耕"读书笔记征集活动，指导学生选取优秀图书进行深入阅读，留下摘思，传播知根思源的农耕文化和传统文化。四是出版耕读理论著作。系统梳理农耕文明鼎盛时期的代表性文学样式"唐诗"里的农耕文化元素，出版《唐诗里的农耕文化》，培育当代青年文化自信和"知农爱农为农"的情怀。

图 8-2-5　传承农机文化，以"耕读"固本

二、以"'333'社区讲堂工作法"推动党的二十大精神入脑入心

江苏大学始终坚持以习近平新时代中国特色社会主义思想为指引，围绕

教育部"三全育人"综合改革和"一站式"学生社区建设工作任务部署，将贯彻落实党的二十大精神与贯彻落实习近平总书记给学校的重要批示精神相结合、与做好当前重点工作任务相结合，创新探索"建强三个工作网络""激活三支队伍活力""打造三类品牌课堂"的"'333'社区讲堂工作法"（图8-2-6），弘扬主旋律、传播正能量、凝聚新共识、展现新作为，聚力推动新时代社区讲堂工作出新出彩。

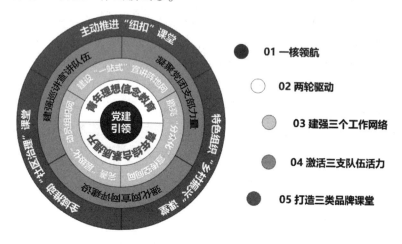

图 8-2-6　"333"社区讲堂工作法

（一）建强三个工作网络，实现理论宣讲"有体有魄"

1. 建设"一站式"宣讲阵地网

学校成立梦溪书院、北固书院、文心书院、迎松书院、泓江书院、静湖书院、钟灵书院、毓秀书院、求实书院、求知书院十大书院和社区十大育人中心，打造党的二十大精神主题宣传空间载体，例如：以图书馆所在的泓江书院为主体，打造"学习宣传贯彻党的二十大精神"主题展览；以艺术学院所在的梦溪书院为重点，创作《"辛"中的党》等主题作品，获评米兰设计周国赛二等奖，帮助青年学生更好学习、领会、践行党的二十大精神。

2. 擦亮"分众化"宣传空间网

发挥新媒体优势，以"江大学工""江苏大学研究生教育""江苏大学团委""三微一号"为轴心，构建纵横有道的网上宣传矩阵。借助学校获评全国高校共青团新媒体示范工作室（全国仅35所、江苏省唯一）的契机，推出"江小博"青媒计划，开设网上专题专栏，巧用"网上共青团"和"青年大学习"，上线"党的二十大精神一起学"专题网页，制作推出系列短视频、H5、海报等青年学生喜闻乐见的学习产品百余个，开展线上学习、榜样展播等网络活动 20 余次。相关做法和成果得到团中央"学校共青团"官微、江苏省教育厅官网报道，在社会上形成广泛影响。

3. 完善"层级化"动员组织网

依托学生社区党工委和十大书院党总支，江苏大学建立"校党委—社区党工委—书院党总支—楼栋党支部—楼层党小组"五级纵向工作链条。校团委全面将各类学生活动下沉到学生社区，构建"校团委—书院团委—团支部"三级管理模式。江苏大学印发《关于组织全校学生认真学习宣传贯彻党的二十大精神的通知》，着力实施学习宣传贯彻党的二十大精神"三大计划、八大行动"，聚焦研学研讨、宣讲巡讲，开展"奋进新征程，青春勇担当"大学生演讲比赛、"学习宣传党的二十大精神"主题团日等系列宣讲活动500 余次，3 人获评江苏省大学生征文和演讲比赛特等奖等奖项，全校范围内迅速掀起学习热潮（图 8-2-7，图 8-2-8）。

图 8-2-7　"学习贯彻党的二十大精神
立志做堪当民族复兴重任的时代新人"宣讲

图 8-2-8　江苏大学学习贯彻党的二十大精神学生巡讲活动动员
部署会暨"领雁"学生巡讲团集中备课培训会

(二) 激活三支队伍活力，实现理论宣讲"有力有效"

1. 建强巡讲宣讲队伍

组建由校领导干部、思政力量和学生骨干组成的巡讲宣讲队伍，形成"领导干部讲理论、思政力量讲形势、学生骨干讲事迹"工作模式。突出宣讲权威性，邀请校党委书记和校长深入学生社区，举办"校领导进社区 面对面话成长"座谈会2期，开设专题讲座40余场，对党的创新理论进行阐释宣讲。突出宣讲专业性，按照"政治立场坚定、理论素养高、个人事迹先进、宣讲能力优秀"标准，组建"领雁"宣讲团70人，构建"组织化遴选、集中化备课、自主化选题、分众化宣讲、网络化展播""五化"一体的巡讲宣讲工作闭环，开展宣讲巡讲联讲100余次。突出宣讲群众性，组织以"青马工程"学员为主的学生骨干讲师团，用青年学生愿意听、听得懂的语言进行宣讲，形成"江大青年说——学习党的二十大精神"工作品牌，让理论宣讲"走新"更"走心"。

2. 凝聚党团支部力量

落实党建带团建制度机制，重点发挥党团支部在"社区讲堂"工作中的政治功能，建立"送学+联学+自学"宣讲工作模式。邀请学生社区党工委书记、书院党总支书记、楼栋党支部书记等"送学"进学生社区党团支部，为基层支部青年作专题辅导报告、讲专题党（团）课、组织研讨交流，全面提升党团支部的政治理论水平。以"学习二十大 永远跟党走 奋进新征程"为主题，组织跨学生社区、跨专业、跨年级"联学"宣讲活动，形成以点带线、以线成面的党团支部融合学习宣讲新态势（图8-2-9，图8-2-10）。依托"三会一课""三会两制一课"制度机制，充分发挥学生党员和入党积极分子的骨干带头作用，开展主题党团日活动、座谈交流、风采展示、书法作品创作、明信片书写等"自学"宣讲活动，让党的二十大精神最广泛、最有效地直达团员和青年。

3. 强化网宣网评建设

推动网宣网评队伍建设，全方位保障宣讲成效。依托"领雁"巡讲团，围绕学习贯彻党的二十大精神中的新观点、新论断，以"过去五年的工作和新时代十年的伟大变革""新时代新征程中国共产党的使命任务""党的二十大与新时代青年""延伸阅读"等主题微视频形式开展宣讲，形成自主选题课程清单。结合青年自身优势实际，围绕科技自立自强、服务乡村振兴等主题，融入家国情怀、使命担当、校史校情等元素，面向学生、基层等，发布"开学第一课""辅导员微课堂""信仰公开课"等党的二十大精神微宣讲视频。构建共青团网评工作机制，严格落实意识形态工作责任制。组建青年网络评论员队伍，引导广大党员、团员针对网上不良思潮和言论，积极有力地开展舆论斗争，及时进行辨析澄清。

图 8-2-9　江苏大学团支部书记微团课比赛

图 8-2-10　江苏大学第五届本科生团支部风采展示大赛

（三）打造三类品牌课堂，实现理论宣讲"有知有味"

1. 主动推进"纽扣"课堂

以"深入学习贯彻党的二十大精神"为主线，构建校党委书记开讲新生

"第一堂思政课"（图 8-2-11）、校领导为毕业生讲授"最后一堂思政课"（图 8-2-12）的教学闭环，引导学生树立正确的理想信念。结合大学生思想政治教育理论和共青团工作实践，设立思想政治教育专项课题，编写《大学生思想政治教育学习纲要》，开展"理论阐释"行动。推动思政小课堂与社会大课堂相结合，紧密围绕"学思践悟二十大，笃行奋进新征程"主题，打造"'学习贯彻党的二十大精神——我为小城做小事'青马志愿行"等实践服务品牌，指导学生会、研究生会、团支部、志愿服务团队等广泛与地方团组织、青年之家等结对共建，围绕理论普及宣讲、发展成就观察、民族团结实践等方面组建团队，深入基层开展红色寻访、文化宣讲、企业实践等大学生社会实践活动。

图 8-2-11　校党委书记讲授新生开学第一课

图 8-2-12　举办毕业生最后一堂思政课

2. 特色组织"乡村振兴"课堂

准确把握"两个结合",积极将中华耕读文化融入学生社区文化建设,邀请党的二十大代表赵亚夫、全国人大代表魏巧等专家学者开展名家讲座,举办"行走的课堂"耕读教育主题研学(图 8-2-13)、"青春京彩·青年说"主题宣讲等活动。依托书院,开辟"百草园""校友林"等校内耕读基地,与戴庄智慧农场共建耕读教育基地,组织大学生"新农人"与"时代楷模"赵亚夫等"兴农人"互动,形成"青春兴农""文化润农""童心向农"等耕读实践教育品牌。组建"科技助农·智慧兴农"实践团、"耘田耕艺"实践团、"爱心江医·健康全民"实践团等省级以上重点专项团队,围绕乡村地区农机农艺科普、农产品病虫害防治、文化卫生健康等主题,开展实践活动,把课堂学习和乡村实践紧密结合起来,让学生在乡土中国深处了解社会、联系群众、锻炼本领。

图 8-2-13　"行走的课堂"耕读教育主题活动

3. 全域推动"社区治理"课堂

切实发挥学生社区育人效能,学工部、研工部、团委等部门联合举办江苏大学学生社区文化节,围绕"每月一主题、月月有活动",已推出精品活动百余个。大力推动学生实践,动员团支部力量下沉学生社区,组织开展"学习党的二十大　志愿奋进新征程"学雷锋月主题志愿服务活动,常态化开展"学雷锋志愿服务站",打造形成"匠心筑梦"科技普及、"健康'医'小时"等系列社区实践示范项目。建立"三级结对"社区实践互助模式,实施"个十百千"挂(兼)职实践锻炼项目,开展网格联动服务日等活动,打造团支部服务清单，将专业优势带入社区，不断提升学生的实践能力和社会化水平。

图 8-2-14　江苏大学举办学生社区文化节

三、零距离和全方位构筑学生社区心理育人"六大平台"

江苏大学坚持育心和育德相结合，构筑社区心理育人"六大平台"，大力推动心理育人力量和心理书籍资源汇聚到学生社区，为学生提供零距离和全方位的心理健康服务与心理知识宣传，全面提升心理育人的质量和实效（图 8-2-15）。

图 8-2-15　江苏大学学生社区心理育人成果

（一）构筑学生社区全员育人平台，持续推进"润心"工程（图 8-2-16）

一是将心理健康教育中心设立在学生社区，为学生提供零距离服务。配齐配强专职心理健康教师，选聘 17 名兼职心理咨询师和 31 名兼职心理健康教育教师，形成强有力的心理健康教育工作队伍。二是实施辅导员进社区谈心谈话制度。专兼职辅导员每月遍访学生寝室，在学生出现学业困难、思想受到影响情绪波动、出现人际矛盾激化、因心理困惑引发严重问题等情况时，必须及时主动跟学生谈心谈话，并将相关情况及时上报学校心理中心。三是发挥社区管理人员在心理健康教育工作中的作用。对公寓值班人员、安保人员及饮食服务中心人员等定期进行心理健康教育专题培训，设立心理书籍图书室，定期开展心理图书分享会，努力提升社区师生的心理健康教育意识和技能。

图 8-2-16　构筑学生社区全员育人平台

（二）构筑学生社区心理咨询平台，持续推进"护心"工程

一是建构"学校—社区—楼栋—楼层—宿舍—个人"六级心理预警体系。每个宿舍选聘一名学生担任心理信息员，每个楼层、楼栋都选聘若干名学生骨干担任心理健康负责人，形成网络化、系统化、立体化的学生社区心理危机预防和管理模式。二是建立"1+n"心理排查模式。即一位心理专职教师无缝对接若干个社区楼栋，及时排查有潜在风险的学生，一生一档，做到早发现、早评估、早预防、早干预。三是构建"1+10"心理咨询全覆盖服务体系。建设社区心理辅导站，充分满足学生咨询需求。截至 2023 年底，学校心理中心共接待个体咨询 3249 人次，危机干预 314 起，共化解自杀、自残、暴力胁迫等危机事件 91 起，有效地保护了学生生命安全，维护了校园和谐稳定。

（三）构筑学生社区多元宣传平台，持续推进"暖心"工程

丰富社区育人载体，构筑融思想性、知识性、趣味性、服务性于一体的社区心理宣传平台。一是充分利用线下宣传媒介，营造良好氛围。每年定期推出 10 期橱窗 60 块宣传展板普及心理知识，在学生社区发放 2000 余本宿舍心理信息员工作手册。二是发挥线上宣传媒介简便、快速、直观的优势，贴近学生需求。"心灵驿站"网页实现互动互通；学工微信平台每年发布心理微信 30 余期；线上咨询平台"QQ 热线空间"定期发布心理知识、活动信息与求助资源；建设心理微课资源库，打造学生随时可学的"口袋书"。三是灵活运用实体媒介，把准学生"兴趣点"。通过"求助卡套""激励腕带""解压玩偶"等文创产品以物传"情"。

（四）构筑学生社区特色活动平台，持续推进"健心"工程（图 8-2-17）

一是建构"四季引领"活动新格局。依托"3·20 咱爱您""5·25 我爱我""9·20 就爱您""12·5 要爱我"四大心理健康教育活动节，结合

图 8-2-17　构筑学生社区特色活动平台

"生命教育、感恩教育、适应性教育、身心健康教育"四大专题组织开展社区心理健康教育活动，深入探索浸润式教育活动模式。二是打造"八大品牌"特色活动。秉持"润心育人，助力成长"理念，学生社区打造了"阳光心理"游戏广场、"心驿悦动"心理趣味运动会、"以影观心"心理讲座、"心语心愿"心理原创作品大赛、"身心碰撞"专家访谈、"音画润心"团辅沙龙、"'剧'焦心灵"原创心理剧大赛、"手舞心声"手语操大赛八大系列活动品牌。三是激发和调动学生参加社区活动热情。每年开展心理健康类活动200余项，总计20000余人次参与，活动获《中国教育报》、新华网、《江苏教育报》、江苏省教育厅网站、镇江电视台等媒体报道，心理活动案例获评"江苏省优秀心理工作案例"。

（五）构筑社区朋辈互助平台，持续推进"舒心"工程（图 8-2-18）

一是打造优秀学生心理社团。对心理社团学生开展"星火"培训计划，按"团队组建—凝聚力提升—组织建设—活动实践—考核验收"的思路进行培养。心理社团以社区为阵地开展科普类、实践类心理健康教育活动。二是组建朋辈心理发展队伍。每年选拔朋辈咨询员，实施"伴飞"培训计划，为社区成员提供专业心理访谈服务；选拔学生团体辅导导师，实施"满天星"

图 8-2-18　构筑学生社区朋辈互助平台

培训计划,采用"一体验、二学习、三考核"三维并举方式,培养成员团体心理辅导能力,缓解社区成员心理压力,提高人际沟通能力。三是建强宿舍心理信息员队伍。每年对1700名宿舍心理信息员进行系统的"护航"培训,重点开展常见心理问题识别和危机预防两方面的培训,共同预防学生社区心理危机。

(六)构筑学生社区心育创新平台,持续推进"强心"工程

一是建设"辅导员心理工作室",拓展心理育人"广度"。打造心理讲座"大课堂"、微信宣传"小课堂"、心理视频"微课堂"、实践体验"动课堂",形成"一体四面"工作格局。2021年,"江心工作室"被江苏省心理学会通报表扬,工作事迹获《中国教育报》《江苏教育报》报道,工作室工作案例获教育部网络思政教育工作案例评比二等奖、江苏省一等奖。二是建设"心理健康教育研究室",打造心理育人"高度"。推动学生社区心理健康服务体系建设和规范化管理。研究室心理微课屡次获省级、校级微课比赛一等奖;辅导员谈心谈话微课项目入选"高校辅导员网络培训课程建设暨百门精品培训课程"项目;社区心理危机干预研究项目入选江苏省教育科学"十四五"规划课题。三是建设江苏省心理健康教育名师工作室,潜耕心理育人"深度"。"陈权工作室"成功获批"江苏省心理健康教育名师工作室建设单位"(全省共10个),创新性地将绘画投射技术运用于隐匿性心理问题识别和预防,不断提升学生心理健康教育工作精准性。

第三节 智慧社区建设

一、智慧服务下沉一线,社区育人提质增效

江苏大学一站式学生事务与发展中心(以下简称"中心")组织引导党员干部干在一线、身在一线、心在一线,构建了以学生为中心、管理制度领航、考核制度护航、业务优化续航的"一心三航"工作体系,打造了"大协同"全员联动育人机制,形成了社区育人合力并构建智慧服务平台打通数据壁垒、推动流程再造,实现了队伍入驻"一条龙服务"、学生参与"一揽子提效"、保障支持"一盘棋统筹"的目标,发挥了融入式、嵌入式、渗入式的学生社区育人协同效应,学生社区管理更趋精细智能、学生社区服务更趋优质高效(图8-3-1)。

图 8-3-1　江苏大学一站式学生事务与发展中心

（一）推动平台建设，推进服务智慧发展

中心以"一站办结、一网通办、一键办理"为目标，积极推动窗口服务平台、网上服务平台、自助服务平台"三位一体"融合发展（图 8-3-2）。截至 2023 年，中心提供学生服务 327 项，累计服务学生 35.6 万人次，学生满意度始终保持在 99% 以上。

平台建设主要体现在如下方面。

一是扩大窗口服务范围，实现事务一站办结。遵循学生事务"应入尽入"原则，中心提供学工、财务、教务、就业、创业、后勤、资助、留学、医疗等窗口服务 142 项，基本覆盖了学生从入学到毕业的所有服务需求，实现"就近办、一次办"目标，极大缩减学生办事时间成本。

二是打通部门数据壁垒，实现线上一网通办。围绕学生事务"能线上不线下"原则，中心不断推进网上服务大厅建设，打破数据孤岛，将迎新系统、离校系统、教务管理系统及学工管理系统集结于一体，补充再造线上业务 46 项；开设"学生事务百科"线上栏目，收录办事指南 300 条、常见问题解答 428 条，实现"数据多跑路、学生少跑腿"目标。

三是加强自助设施建设，实现全时一键办理。坚持"全天候不间断"服务原则，中心先后引进证书打印、补卡缴费等自助设备 13 套，在教学区、学生社区分别建成 24 小时自助服务区，提供自助服务 104 项，在实现"高效率、零延迟"目标的同时培养学生业务自理能力。

图 8-3-2   江苏大学一站式学生事务与发展中心智慧服务平台

（二）拓展服务空间，拓宽合力育人阵地

中心设有服务区、休息区、学生助理工作台、多功能会议室等物理空间，在做好事务性服务的基础上，中心实施以"服务+引领""服务+发展"为特色的育人举措。

中心服务内容重点围绕以下方面展开。

一是开展专项服务特色活动。举办"新生服务季""毕业服务季""留学服务季""壹课堂"等主题品牌活动，充分开展学业指导、心理疏导、职业规划、双创教育等服务，将思想带动、价值引领浸润其中，提升思想政治教育实效（图 8-3-3）。

二是建设"一窗一品"特色项目。派驻单位结合窗口工作挖掘育人元素，在学生社区内开展德育、智育、美育、劳育等线上线下活动，搭建融合价值塑造、能力培养、知识获取的服务育人大课堂。

三是鼓励学生投入"四自教育"。充分发挥大学生自我管理委员会的作用，组织学生协助处理中心事务，定期向全校学生征求服务反馈意见和中心发展建议，让大学生在自我教育、自我服务、自我管理、自我监督中实现自信成长。

图 8-3-3　江苏大学一站式学生事务与发展中心开展专项服务特色活动

自中心建立以来，中心智慧服务育人大平台得到师生充分肯定，先后获评江苏省"巾帼文明岗"、镇江市"巾帼文明岗"等荣誉称号，工作被教育部网站、《中国教育报》等主流媒体报道（图 8-3-4）。江苏大学将继续以推进"一站式"学生社区综合管理模式建设为契机，持续提升学生社区服务的广度、深度和效度，利用大数据研判学生成长成才的整体需求与发展趋势，实现"线上+线下"无缝对接，在学生社区中做深做实服务育人工作。

图 8-3-4　江苏大学一站式学生事务与发展中心建设成果

二、打造智慧型思政平台，赋能"一站式"学生社区育人

江苏大学作为全国25所"三全育人"综合改革试点高校之一，以"优秀"等级通过教育部试点工作验收。目前，江苏大学正以"一站式"学生社区建设作为持续深化"三全育人"综合改革的战略举措，高点定位、高标设计、稳步推进、逐步完善。在"一站式"学生社区建设中，江苏大学主动适应信息化发展潮流，贯彻落实国家数字化发展战略，以数字化赋能学生社区建设，打造了集价值引领、数字管理、智能服务、科学研判于一体的学生成长管理服务智慧平台，力求打造"有温度"的智慧社区。

（一）经验做法

1. 顶层设计，服务模式从"学工"向"大学工"转变

以"大学工"理念为指导，学生成长管理服务智慧平台整合全校资源，打破部门壁垒，形成全校一盘棋的育人工作格局。它以学工、研工、团委的功能需求为主体，以学院、书院的育人力量为支撑，以校内12个涉及学生业务的职能部门为依托，以学生需求为导向，实现了全员、全过程、全方位育人的"一站式"服务模式。目前，该平台已涵盖19个大类，共计79个应用模块，实现了学生从入学到毕业全周期管理，包括迎新服务、思政教育、日常事务、资助服务、奖惩服务、成长指导、社区管理、就业服务、心理健康、团学活动、离校服务等近400项单体业务，为师生提供了全面、个性、便捷的优质"一站式"服务。平台功能模块全面运行，建设期间办理业务数量平均每年24万余件。

2. 管理增效，学工数据从"数据链接"向"数据共享"转变

相关管理人员与信息化处、人事处、教务处和研究生院有效沟通，找准学校数据壁垒，解决辅导员与学生基础数据"各自为政，费力链接"的问题。源头数据自动采集，辅导员基础信息从人事系统同步抓取，并与学院、班级信息准确匹配，同时在学生成长管理服务智慧平台记录辅导员学习、培训、奖励、教学、科研、晋升等各项拓展信息；本科生、研究生学籍基础信息分别与本科教务系统、研究生管理信息实时同步（24小时/次）。学生成长管理服务智慧平台各项数据通过学校数据平台向全校范围共享，同时江苏大学学生成长管理服务智慧平台提供数据模板，定时向江苏省学生成长管理服务智慧平台系统提供标准、全面的学校学生数据。

3. 数据赋能，学生工作从"电子化"向"智慧化"迈进

学生成长管理服务智慧平台实行"学校+学院""学校+书院"校院两级

管理，各项基础数据和业务数据形成"辅导员画像"和"学生画像"，为师生成长提供了可观可感的数据模型。在充分挖掘学生心理健康数据、日常请假数据、学习成绩数据基础上，平台设计了"心理、安全、学业预警模型1.0"。如学生期末考试不及格，根据"挂科"数量分别推送辅导员（2门及以下）、学工副书记（3门及上）；学生请假逾期未归，触发预警条件向班干部推送，确实未归的由辅导员介入，重大情况及时报告学工副书记。通过点对点沟通，智能预警机制辅助，多维度信息数据观测，横向双院体系化管理，及时准确把握学生动态，为社区学生身心发展和健康成长保驾护航。

4. 力量下沉，育人力量从"整合盘活"向"一线规则"践行

学生成长管理服务智慧平台凝聚学校、职能部门、学院、书院等多方育人资源，实现育人力量线上线下双向融合，精准帮助学生解难点、通堵点、消痛点。学生成长管理服务智慧平台中的"工作日志"功能设置任务目标并记录留痕，推进校院两级领导力量、先进力量、辅导员力量等群体常态化下沉社区，定期开展师生座谈，协同参与学生思想教育、社区管理、成长指导等工作，及时精准掌握社区学生需求和思想动态，不断提升育人效能。相关日志数据通过系统比对分析，能够直观反映各育人群体的工作量、工作效能和工作亮点，为学校优化育人资源配置提供有力的数据支持。

5. 协同育人，育人渠道从"学院主打"向"双院协同"拓宽

在学生成长管理服务智慧平台的推动下，育人渠道得到了进一步的拓宽，由传统的单一学院模式转变为学院与书院并行的"双院"模式，不仅丰富了育人的方式和手段，更提升了育人的质量和效果。学院作为传统育人主体，侧重于学科教育、专业培养和科研指导等方面。书院作为新生力量，更加注重学生的综合素质培养、人文关怀和社区管理。在学生成长管理服务智慧平台的框架下，学院与书院相互协作，实现资源共享、信息互通与优势互补。学院可以将专业教育、科研实践等资源向书院下沉，书院则可以将人文关怀、成长引领等服务提供给学院，这种双向融合、互补共赢的合作模式，有效促进了学生全面发展和个性成长，舒展了双院协同育人的无限张力。

（二）工作成效

1. 信息全面，学生成长决策更加科学

随着"数据孤岛"消失，用户信息分散、平台冗余割裂的问题逐步被解决，实现数据统一归集、交换、共享。以学生生涯指导为例，学生成长管理服务智慧平台为每位学生建立个人档案，对学生学业、科研、实践、生活、评奖评优等方面进行精准记录，有效助力辅导员精准高效开展工作。

2. 服务升级，智慧系统效能不断提升

以用户视角梳理、优化学生事务流程，打通学生全域业务系统，实现数据互联、互通，做到"数据多跑路，学生少跑腿"。以"一站式"学生社区为例，打造线上咨询预约服务平台和线下服务中心，实现了简单问题线上办、线下问题快速办、复杂问题协同办的服务模式。这种模式不仅提高了服务效率，更提升了学生的满意度和获得感。

3. 特色彰显，成长预警功能更加准确

学生成长预警功能是学生管理从事中控制、事后处置向事前预防转变的一大突破。随着全生命周期各类数据的积累，可对每名同学生成自画像，能够更全面地展现社区学生的成长变化，而且结合不断更新的硬件技术，可在学生学业、安全等方面提早预警，降低风险，帮助社区育人工作从传统的"大水漫灌"转变为"精准滴灌"，打造育人工作的"校正仪"。

（三）未来展望

1. 进一步深化源头治理，完善权责匹配的数据共生共享机制

目前学校建成了数据交换平台，加强数据资源的开发利用和数据治理工作。但随着改革的深入，数据治理存在"硬骨头"，尤其在数据规范、数据完整方面需要加大力气治理。需按照数据"谁生产谁负责"的原则，在学校统一要求下做好系统运维，加强与校园平台的良好互动，同时与上级平台尽量标准一致。

2. 进一步深化合力发展，实现管理体制与系统运行的平衡

学生成长管理服务智慧平台是一个趋于"共性"的平台，但是各单位的事业发展需要具有特色，同时也会碰到管理上各自的"遗留问题"，如何调适管理体制与系统运行之间的矛盾，仍需要管理方与系统方充分协商，达到最优平衡。

第四节　平安社区建设

一、夯实平安社区建设，护航学生健康成长

为充分发挥学生社区的育人功能，江苏大学紧紧围绕立德树人根本任务，坚持"以生为本"的工作理念，把思想政治教育有机融入"一站式"学生社区建设的各个方面，打造"安全、文明、和谐"的学生社区育人共同体。

（一）加强组织领导，健全学生社区育人联动机制

学校高度重视学生社区的安全工作，始终把学生社区安全作为重大政治任务来抓（图 8-4-1—图 8-4-3）。学校成立了江苏大学平安校园与综合治理工作领导小组，由校领导任组长，相关职能部门负责人为成员，定期召开安全工作会议，分析研判安全形势，查找薄弱环节，及时排除社区安全隐患。学校坚持"安全第一，预防为主"的工作理念，健全"学工—研工—后勤—安保—校医院—公安"社区安全联动机制，完善社区安全卫生文明自查自纠机制，实施辅导员进宿舍制度，多措并举保障社区安全稳定。学校常态化全覆盖组织宿舍专项检查、社区安全巡查、宿舍文明督查。强化学生社区日常值班制度，及时掌握学生动态，确保及时妥善处置各类突发事件。

图 8-4-1　校领导进宿舍与学生交谈

图 8-4-2　学校出台平安社区建设多项文件

图 8-4-3　校领导进社区　面对面话成长

（二）加强队伍建设，提升学生社区治理效能

学校高度重视学生社区工作队伍建设（图 8-4-4—图 8-4-7）。校领导带头深入学生社区，与学生面对面交流，了解学生思想状况，关心学生学习、生活。加强入驻学生社区辅导员队伍建设，把辅导员入驻学生社区工作经历作为辅导员培养的重要环节，学生社区辅导员与学生同吃同住同生活，积极开展日常思想政治教育，指导学生社区活动的开展。学生社区定期对楼长、

图 8-4-4　辅导员、公寓管理员安全联动检查

层长、寝室长、公寓值班员等开展疫情防控、消防演练培训，使广大师生了解和掌握防治传染病、防火灭火等知识和技能，提升应对突发事件的处理能力。学生工作处与公寓服务中心协同联动，发挥党员、班团干部、寝室长的积极作用，建立完善的学生社区信息采集与反馈机制，及时准确掌握社区内学生思想、身心健康动态，确保学生社区安全稳定。

图 8-4-5　辅导员进宿舍谈心谈话

图 8-4-6　组织楼长、层长、寝室长、公寓值班员等开展消防演练培训

图 8-4-7　召开暑假留校学生工作会议

(三) 加强阵地建设,建构学生社区安全防护网

充分发挥学生社区前沿阵地优势,通过专题讲座、网站专栏、微信公众号、专题展板、社区橱窗、横幅等载体,开展形式多样的学生社区安全法治宣传教育,构建社区思想政治教育重要阵地(图 8-4-8—图 8-4-11)。结合全民国家安全教育日,学生社区联合市国家安全局,通过横幅签名活动、微信推送等多种形式,线上线下相结合,进行国家安全教育,增强学生的国家安全意识。强化反诈防诈教育,以社区为阵地,实现《防范电信网络诈骗告知

图 8-4-8　警校联席比邻驿站启动仪式

书》全员送达，学生下载"国家反诈中心"App 全员完成，辅导员进宿舍开
展防诈骗主题教育全覆盖；加强校警联动，在学生社区建警校联席工作驿
站，设置防范电信网络诈骗宣传点，邀请公安干警进社区为师生做专题培训
讲座，联合警方制作防诈宣传视频，有效促进平安校园建设。

图 8-4-9　江苏大学成立学生社区警务室

图 8-4-10　"防范电信诈骗，共建美好和谐校园"专题讲座

#高校动态#【江苏大学"晒"宿舍违章电器呼吁大学生关注消防安全】11月9日，@江苏大学 开展119消防日主题宣传活动，现场展出了包括电吹风、电热毯、电饭锅等在内的28种大学生宿舍常见的违章电器，呼吁大学生关注消防安全，从我做起杜绝宿舍安全隐患，创建平安校园。

图 8-4-11　江苏教育发布微博：江苏大学"晒"宿舍违章电器呼吁大学生关注消防安全

（四）强化自治理念，全面提升学生自我治理能力

学校鼓励学生积极参与学生社区治理（图 8-4-12—图 8-4-15）。江苏大学的大学生自我管理委员会服务覆盖社区学生生活吃住、事务办理、志愿活动、权益维护、勤工助学、心理健康、就业指导等，体现了学生积极参与的热情。学生社区加强寝室长队伍建设，开展法纪、安全、心理、资助、学业规划等系列培训，通过 9321 名寝室长带动宿舍成员健康成长；遴选 514 名学生党员、学生干部、入党积极分子等担任社区"楼长""层长"，营造"一名党员，一面旗帜，一间模范寝室，以点带面"的良好局面，有效提升社区网格化管理水平；打造寝室美化设计大赛、安全文明建设月、劳动教育讲堂、"建设绿色校园　实施垃圾分类"等特色活动，调动学生共建社区文化的积极性和创造性，实现学生自我服务、自我管理、自我教育、自我监督。

图 8-4-12　大学生自我管理委员会聘任仪式

图 8-4-13　大学生自我管理委员会开展垃圾分类活动

图 8-4-14 大学生自我管理委员会开展学生社区"119"消防安全日主题宣传

图 8-4-15 大学生自我管理委员会开展消防演练

二、基于"一站式"学生社区打造网格化疫情防控体系

　　2019 年，面对突然来袭的新冠疫情，江苏大学深入贯彻落实习近平总书记关于疫情防控工作的重要指示批示精神，充分发挥"一站式"学生社区建

设优势，切实践行"一线规则"和"一线坚守"，迅速部署、精准落实疫情防控工作，全环节、全流程为学生排忧解难，实现抗疫育人双协同。

1. 强化党建领航，筑牢抗疫育人主心骨

面对疫情，学校旋即行动，连夜成立疫情防控应急指挥部，以"一站式"学生社区建设为依托，校院两级领导进驻指挥，发挥社区战"疫"堡垒作用，全面激活"一站式"学生社区管理效能。疫情期间，学校创新基层党支部建设，纵向强化"学生社区党工委—书院党总支—学生党支部—学生党员"四级管理，横向按需建设功能型党支部，组建抗疫党员先锋队，发挥"党员示范岗""党员示范寝室"先锋作用。同时，学校组织师生志愿者开展疫情服务工作，号召师生党员做抗疫服务的"带头人"和执行防控纪律的"监督员"，筑牢党建战斗堡垒，确保防控举措落实落细。

2. 推动力量下沉，建强抗疫育人主力军

充分发挥校院两级领导、辅导员、学业导师等社区育人队伍力量，践行"一线规则"，积极回应关切学生诉求，及时发现化解各类隐患。校院两级领导干部和职能部门负责人带头深入学生社区，下沉一线，解决学生"急难愁盼"问题，帮助学生树立战胜疫情的坚定信心，凝心聚力打造可信可靠的抗疫堡垒。为确保疫情期间各项工作的有序开展，138 名辅导员第一时间入驻书院，每日下沉宿舍 9325 间，走近抗疫前线，深入学生群体，全面掌握书院学生的健康监测情况、生活需求和心理状况，做到了思想工作"不断线"、核酸检测"零遗漏"、物资分发"无差错"。广大学业导师主动压实责任，通过电话、微信、线上会议等多种方式加强与学生交流，了解学生所思所想，及时进行学业指导帮扶，确保学习任务顺利推进，鼓励学生做到抗疫学习两不误。

3. 实现网格管理，打赢抗疫育人主动仗

学生社区党工委多次牵头召开学生社区疫情防控工作会议，制定学工条线与公寓中心疫情防控应急对接方案，加强与各部门协同联动，及时传达疫情防控政策，规范实施分级分类管控。学校以书院为作战主阵地，细化楼栋作战单元，条块结合、以块为主，形成"书院—楼长—层长—舍长"四级管理网格体系。同时，依托学生社区网格化组织结构，学校制定社区应急封闭管理工作预案，细化楼栋防控管理方案，以书院为单位开展核酸检测，完善落实"日报告""零报告"健康监测制度，实现线上线下协调联动，畅通信息沟通渠道，高效完成信息传达报送，保障社区管理科学高效。

4. 坚持以生为本，守好抗疫育人主阵地

校园临时封控管理期间，学校成立疫情防控党员志愿者突击队，各书院成立志愿服务队，负责疫情封控期间的餐饮配送和生活物品采购。961 名后勤员工到岗值守，保证校内生活物资供应充足，价格稳定，共织疫情防控服务网，解决学生燃眉之急。学校开通 24 小时心理咨询热线和心理健康咨询群，及时研判临时封控管理期间学生可能出现的应激反应，对学生的心理问题做到及早发现、及早预防，对学生的咨询需求做到应访尽访、随到随访。将"江心小课堂：抗疫'安心'小贴士""江心小课堂：封校不封爱，温暖一直在"暖心内容发送至每个同学，鼓励学生主动求助、积极自助，共同筑牢"心"防线。学校就业指导与服务中心积极打造线上就业市场，每日重点联系并在线发布 40 余家重点用人单位招聘信息，提供求职岗位超 1200 个，为毕业生提供"不断线"就业服务。线上教学开展学业指导类课程，面向大一新生开设大学生心理健康教育与学业规划必修课，面向其他年级学生开设职业生涯规划、就业技能提升、职业发展指导选修课，高质量开展学业指导和职业规划教育，做好学生的"成长陪伴"。

三、构建"三态"融合的"一站式"学生社区工作体系

江苏大学以习近平新时代中国特色社会主义思想为指导，围绕立德树人根本任务，持续深化"三全育人"综合改革，推动育人力量下沉学生社区，创新育人载体，激发育人活力，营造育人氛围，着力构建"三态"融合的"一站式"学生社区工作体系。

（1）优化空间，共建共享，打造"固态"社区育人新阵地

物理空间和资源是学生社区建设的基础保障，是"一站式"学生社区综合管理模式建设的"固态"要素。江苏大学注重共建共享，打造良好育人空间，成立梦溪书院、静湖书院等十大书院，全面推行"学院+书院"育人模式，围绕中心、下沉重心、提升核心，筑牢社区育人阵地。学校通过改造存量、扩建增量等方式建设社区辅导员办公室，优化辅导员入住社区条件，与学生同吃同住同生活，做到全员覆盖、全时保障；从学生需求出发，优化社区功能布局，划拨专项经费用于学生社区空间改造升级，搭建学生学习交流公共空间，建设师生互动、学业指导、就业创业指导、讲座沙龙、创客空间、党建活动、社团活动、校园文化活动等书院社区空间，充分满足学生阅读研讨、学习休闲、素质培养等需求，实现"一站式"服务学生。学校还成

立了社区学生医疗服务中心、劳动教育指导中心、学生成长指导中心、心理健康教育中心、公共艺术教育中心等十大育人中心，系统安排调动学校、院系、职能部门等各方面力量协同开展工作，通过过程性规范、伴随性指导，为学生成长保驾护航。

（2）力量下沉，激发动能，打造"液态"社区育人新范式

推动党建、思政、管理和服务等各类育人力量下沉，在学生社区中形成一股正向流动的育人合力，是"一站式"学生社区综合管理模式建设的"液态"要素。江苏大学制定出台了领导干部、辅导员、学业导师、研究生导师、思政课教师、专业课教师、管理服务人员、关心下一代工作委员会老同志等八类育人力量进学生社区的方案和制度，明确功能职责和量化标准，打造人人、时时、处处育人的共同体，把全员育人有力推进到学生社区一线。贯彻落实领导干部深入基层联系学生工作实施办法，校院两级领导干部担任学生社区楼长、层长，下沉一线，"面对面"接触学生，积极为学生做好事、办实事、解难事。推进辅导员进驻社区，与学生同吃同住同生活，将思想辅导和日常管理重心前移至书院。全面实施本科生导师制，选聘专任教师担任学生学业导师，选派优秀青年教师担任学生科创导师，100%覆盖本科生，实现"教师人人当导师，学生人人有导师"，开展常态化的思想引领、价值引领和学术引领。成立大学生自我管理委员会，选聘500余名学生党员、学生干部担任学生社区的楼长、层长、寝室长，组织学生积极参与社区治理，在社区事务办理、志愿活动、权益维护、勤工助学、心理健康、就业服务中提升对社区的认同感和归属感，实现自我管理、自我服务、自我教育、自我监督。创办思政教育"行走课堂"，推进思政课程与课程思政同向聚合，落实"知识传授、能力提升、价值塑造"三大教育任务，扩大学生覆盖面和受惠面。

（3）以文化人，笃志润德，打造"气态"社区育人新样态

育人文化像空气一样包围浸润着受教育者，是"一站式"学生社区综合管理模式建设的"气态"要素。江苏大学紧扣学校人才培养目标，打造特色书院文化，积极将校训校风、校史校情、中华优秀传统文化等充分融入书院公共空间设计、文化设计和活动设计中，形成书院独特的文化识别系统。① 注重弘扬革命文化和社会主义先进文化、建立党史宣传长廊等，常态化开展主题党日活动和学习教育活动，引导学生树牢初心使命，弘扬爱国奋斗精神，培育社会主义核心价值观。② 将学生社区建设与学校农机办学特色深度融合，举办"知农、爱农、强农、兴农"系列微论坛，成立师生宣讲

团，开展"我的江苏大学情怀——农浓情深"专题宣讲，将校院发展历史、学科特色、农机发展等元素有机融入社区景观墙、宣传栏、文化长廊等环境中，教育引导学生厚植知农爱农情怀、勇担强农兴农使命。③挖掘学生日常生活中的劳动教育资源，加强学生社区劳动教育，设置宿舍安全检查员、宿舍卫生检查员等实践岗位，开展日常生活劳动、生产劳动和服务性劳动主题社会实践、学雷锋志愿服务等各项活动，引导学生积极参加劳动实践。④邀请革命先辈、劳动模范、专家学者、杰出校友等进书院，将最鲜活的思政教育案例带进书院，让整个社区成为最鲜活的文化育人场所。⑤建设书香社区、活力书院，赋予书院贴近式全场景育人功能，将教育管理有效延伸到学生社区书院，形成矩阵式育人共同体。